陈柱讲诸子学论

陈柱 著

河海大学出版社
HOHAI UNIVERSITY PRESS
·南京·

图书在版编目（CIP）数据

陈柱讲诸子学论 / 陈柱著. -- 南京 : 河海大学出版社, 2021.1
ISBN 978-7-5630-6527-1

Ⅰ. ①陈… Ⅱ. ①陈… Ⅲ. ①先秦哲学一研究 Ⅳ. ① B220.5

中国版本图书馆 CIP 数据核字 (2020) 第 201037 号

书　　名 / 陈柱讲诸子学论
CHENZHU JIANG ZHUZI XUELUN
书　　号 / ISBN 978-7-5630-6527-1
责任编辑 / 毛积孝
特约编辑 / 何　薇　　叶青竹
特约校对 / 李　萍
出版发行 / 河海大学出版社
地　　址 / 南京市西康路 1 号（邮编：210098）
电　　话 / （025）83737852（总编室）
（025）83722833（营销部）
经　　销 / 全国新华书店
印　　刷 / 三河市双峰印刷装订有限公司
开　　本 / 880mm×1230mm　1/32
印　　张 / 6.25
字　　数 / 105 千字
版　　次 / 2021 年 1 月第 1 版
印　　次 / 2021 年 1 月第 1 次印刷
定　　价 / 69.80 元

《大师讲堂》系列丛书

▶总序

/吴伯雄

梁启超说："学术思想之在一国，犹人之有精神也。"的确，学术的盛衰，关乎一个民族的精神气象与文化氛围。民国是一个动荡不安的时代，内忧外患，较之晚清，更为剧烈，中华民族几乎已经濒临亡国灭种的边缘。而就是在这样日月无光的民国时代，却涌现出了一批批大师，他们不但具有坚实的旧学基础，也具备超前的新学眼光。加之前代学术的遗产，西方思想的启发，古义今情，交相辉映，西学中学，融合创新。因此，民国是一个大师辈出的时代，梁启超、康有为、严复、王国维、鲁迅、胡适、冯友兰、余嘉锡、陈垣、钱穆、刘师培、马一孚、熊十力、顾颉刚、赵元任、汤用彤、刘文典、罗根泽……单是这一串串的人名，就足以使后来的学人心折骨惊，高山仰止。而他们在史学、哲学、文学、考古学、民俗学、教育学等各个领域所取得的成就，更是创造出了一个异彩纷呈的学术局面。

岁月如轮，大师已矣，我们已无法起大师于九原之下，领教大师们的学术文章。但是，"世无其人，归而求之吾书"（程子语）。

大师虽已远去，他们留下的皇皇巨著，却可以供后人时时研读。时时从中悬想其风采，吸取其力量，不断自勉，不断奋进。诚如古人所说："圣贤备黄卷中，舍此安求？"有鉴于此，我们从卷帙浩繁的民国大师著作当中，精心编选出版了这一套"大师讲堂系列丛书"，分辑印行，以飨读者。原书初版多为繁体字竖排，重新排版字体转换过程当中，难免会有鲁鱼亥豕之讹，还望读者不吝赐正。

吴伯雄，福建莆田人，1981 年出生。2003 年考入福建师范大学古代文学研究系，师从陈节教授。2006 年获硕士学位。同年 9 月考入复旦大学中文系古代文学专业，师从王水照先生。2009 年 7 月获博士学位。同年 9 月进入福建师范大学文学院古代文学教研室工作。推崇"博学而无所成名"。出版《论语择善》（九州出版社），《四库全书总目选》（凤凰出版社）。

目录

凡例

一、本书所论述，以司马谈所论阴阳、儒、墨、名、法、道德六家为限。以此六家为最要，且限于篇幅故也。

一、本书所论述各家次第，一依《汉书艺文志》，以各家之书均著录于《汉志》也。

一、本书每家为一编，编又分章，章又分节。每编之首章为总论，次则每子一章。诸子亦不能尽述，述其要者而已。

一、本书每章总论，又分本原、命名、流派、评议、家数五节。每章各子分传略、书本、学说三节。

一、本书论述诸子学说，最注重于各人之基本观念，及政治教育二者。

一、本书于各家各子异同之处，亦甚为致意。

一、本书成于仓卒，谬误良多，当代硕学，幸教正焉。

一九三〇年三月，

北流陈柱尊志于上海暨南大学。

第一编　儒家

第一章　儒家总论

第一节　本原

《汉书·艺文志》云：

> 儒家者流，盖出于司徒之官，助人君顺阴阳，明教化者也。

此言儒家之远原也。《尚书·尧典》，帝曰："契，百姓不亲，五品不逊，汝作司徒，敬敷五教，在宽。"司徒之官，以掌教为职，故儒家以教育为职志。尧、舜以司徒敷教，而教在五教。五教者，五伦也。故儒家之教，又以明伦为职志。孔子亟称尧、舜，删书断自唐、虞，其意在此。

《淮南子·要略》云：

周公继文王之业，持天子之政，以股肱周室，辅翼成王，惧争道之不塞，臣下之危上也，故纵马华山，放牛桃林，败鼓折枹，搢笏而朝，以宁静王室，镇抚诸侯成王既壮，能从政事，周公受于鲁，以此移风易俗。孔子修成、康之道，述周公之训，以教七十子，使服其衣冠，修其篇籍，故儒者之学生焉。

此言儒家之近原也。儒家之教，以五伦为基本，而其教之工具，则最重礼乐。周公制礼作乐，千古莫与比隆，故儒家之业，莫盛于周公。孔子曰："甚矣，吾衰也，久矣，吾不复梦见周公"，盖叹己不能如周公之制作也。

儒家之学，实大成于孔子。《史记·孔子世家》云：

孔子之时，周室微而礼乐废，《诗》《书》缺。追迹三代之礼，序《书传》，上纪唐虞之际，下至秦穆，编次其事。曰："夏礼吾能言之，杞不足征也；殷礼吾能言之，宋不足征也。足，则吾能征之矣。"观殷夏所损益，曰："后虽百世可知也。以一文一质。周监二代，郁郁乎文哉，吾从周。"故《书传》《礼记》自孔氏。孔子语鲁大师："乐其可知也。始作翕如，纵之纯如，皦如，绎如也，以成。""吾自卫反鲁，然后乐正，《雅》《颂》各得其所。"古者诗三千余篇，及至孔子，去其重，取可施于礼义，上采契、后稷，中述殷、周之盛，至幽、厉之缺，始于衽席，故曰：《关雎》之乱以为《风》始，《鹿鸣》为《小雅》始，《文王》为《大雅》始，《清庙》为《颂》始。三百五篇，孔子皆弦歌之，以求合《韶》《武》《雅》《颂》之音，礼乐自此可得而述，以备王道，成《六艺》。孔子晚而喜《易》，序《彖》《系》《象》《说卦》《文言》，读《易》，韦编三绝，曰："假我数年，若是，我于《易》则彬彬矣。"孔子以诗书礼乐教，弟子盖三千焉。身通六艺者七十有二人。如颜浊邹之徒，愿受业者甚众。……因史记而作《春秋》，上至隐公，下讫哀公十四年，十二公，据鲁，亲周，约其文辞而指博。

此可见孔子集大成之学之大概矣。《汉书·艺文志》以《六艺略》冠《诸子略》，不以孔子入诸子，盖一者在汉武尊孔之后，二者以孔子为儒家所自出，而儒家不足以尽孔子。故其言曰：

> 儒家者流，……祖述尧舜，宪章文武，宗师仲尼，以重其言。

盖以孔子之于儒家，犹尧舜之于儒家矣。是说也，今人张尔田颇与之同。其说曰：

> 孔子之道，君人南面之术也。儒家虽传于孔子，而不足以尽孔子。……孔子弟子皆儒家也。（《史微内篇》卷三《原儒》）

三者以《六艺》为诸子之渊源，故于《诸子略》之后言之曰：

> 今异家者，各推所长，穷其究虑，以明其指，虽有蔽短，合其要归，亦《六经》之支与流裔。

然谓孔子未删之《六艺》为诸子之渊源则可，谓孔子《六经》为诸子之渊源，夫岂可乎？然孔子未删之《六艺》

不可得见矣。孔子之《六经》未尝无《六艺》之一部分，则亦未尝不颇足以见诸子之渊源也。

第二节　命名

儒家之一名，近人江瑔著《读子卮言》，以谓九流之名，惟名、法、墨、农、阴阳五家为名正而言顺，余皆于理未安，未知命名之意始于何时。其非儒家之名曰：

> 古者通天地人曰儒，《周官·大宰》，儒以道得民，与师对举。又《大司徒》四曰："联师儒。"是儒为术士之称，有道德有道术之通名，不特儒家得称为儒，即诸子百家无一而非儒也。虽《儒行》见于《礼记》，"君子儒"见于《论语》，然孔门未尝标儒之目，举以自号。《墨子》虽有《非儒》之篇，然亦泛指当时之儒者言之，亦犹孔子"勿为小人儒"之意。乃九流之首列儒家，一似非孔门之士不足猎斯号也者，何也？（《论九流之名称》）

夫《周礼》以师与儒并言，则儒本为掌教育者，此正与司徒所掌同。孔门以教育为职志，故名为儒家。孔子勉子夏为君子儒，勿为小人儒。孔门之自称为儒，乃其确证。《礼记·儒行篇》记鲁哀公问儒行于孔子，孔子亟称之。是孔子之自认为儒也。《荀子》有《儒效篇》，盛称周公、孔子为大儒之效。《非十二子篇》斥子张、子游为贱儒，皆孔门自称为儒之确证。《墨子·非儒篇》专攻击儒者之礼，且有明斥孔丘之名者，而江瑔谓为泛指，岂于《礼记·儒行》《墨子·非儒》二篇，止见其名而不读其书邪？《韩非子·显学》亦称自孔子之死，儒分为八，是异家亦以孔门为儒也，而江瑔非之，何邪？

第三节　流派

《史记》称孔子弟子三千人，身通六艺者七十有二人。其见于《论语》者，则孔子时已有分派矣。孔子曰：

> 德行：颜渊，闵子骞，冉伯牛，仲弓；言语：宰我，子贡；政事：冉有，季路；文学：子游，子夏。（《先进篇》）

是在孔子时已分为四派矣。

《韩非子·显学篇》云：

自孔子之死也，儒分为八：有子张之儒，有子思之儒，有颜氏之儒，有孟氏之儒，有漆雕氏之儒，有仲良氏之儒，有孙氏之儒，有乐正氏之儒，趋舍相反不同。

《群辅录》云：

夫子没后，散于天下，设于中国，成百氏之源，为纲纪之儒，居环堵之室，荜门圭窦，瓮牖绳枢，并日而食，以道自居者，有道之儒，子思氏之所行也。衣冠中，动作顺，大让如慢，小让如伪者，子张氏之所行也。颜氏传《诗》为道，为讽谏之儒。孟氏传《书》为道，为疏通致远之儒。漆雕氏传《礼》为道，为恭俭庄敬之儒。仲梁氏传《乐》为道，以和阴阳，为移风易俗之儒。乐正氏传《春秋》为道，为属辞比事之儒。公孙氏传《易》为道，为洁净精微之儒。

此八派之书，多已不传。惟孟、荀二家，实为孔门之两大宗派。而曾子、子夏、子游皆不在八派之内者，胡适谓此诸人都是孔门正传，言必称师，故不别立宗派（参考胡适《中国哲学史大纲》上卷一二四页），只有子张和漆雕开与曾子一班人不合，故别成学派，理或然也。

第四节　评议

《汉书·艺文志》云：

> 儒家者流，……游文于六经之中，留意于仁义之际，祖述尧舜，宪章文武，宗师仲尼，以重其言。孔子曰："如有所誉，其有所试。"唐、虞之际，殷、周之盛，仲尼之业，已试之效者也。然惑者既失精微，而辟者又随时抑扬，违离道本，苟以哗世取宠，后进循之，是以五经乖析，儒学寖衰，此辟儒之患。

此论儒家之长，及其末流之失，良为甚允。

司马谈论《六家要旨》云：

> 儒者博而寡要，劳而少功，是以其事难尽从。然其序君臣父子之礼，列夫妇长幼之别，不可易也。

儒者以六艺为法，六艺经传以千万数，累世不能通其学，当年不能究其礼，故曰：博而寡要，劳而少功。若夫列君臣父子之礼，序夫妇长幼之别，虽百家不能易也。

此以博为儒者之短，盖自孔子以博文约礼为教，孔子死后学派之流别益纷，中经秦火，汉儒整理丛残，尤多牵传，故《汉志》云：

> 后世经传既已乖离，博学者又不思多闻阙疑之义，而务碎义逃难，便辞巧说，破坏形体；说五字之文，至于二三万言。后进弥以驰逐，故幼童而守一艺，白首而后能言，安其所习，毁所不见，终以自蔽。此学者之大患也。（《六艺略》）

此可见秦汉以后儒学之失。

第五节　家数

《汉书·艺文志》所志周、秦儒家如下：

> 《晏子》八篇。（名婴，字平仲，相齐景公，善与人交，有《列传》。）师古曰：有《列传》者，谓《太史公书》。

存。详后。

《子思子》二十三篇。（名伋，孔子孙，为鲁缪公师。）

残。《史记·孔子世家》云："子思作《中庸》。"《隋书·音乐志》云：《礼记·表记》《坊记》《缁衣》皆取《子思子》。今存《礼记》中四篇，亦多后人所加。清黄以周有《子思子》辑本。

《曾子》十八篇。（名参，孔子弟子。）

残。晁公武《郡斋读书志》云："《隋志》《曾子》二卷，目一卷。《唐志》《曾子》二卷，今此书亦二卷，凡十篇，盖唐本也。视汉亡八篇，视隋亡一篇。考其书已见于《大戴礼》。其书盖门人所记。"清阮元有《曾子注释》。

《漆雕子》十三篇。（孔子弟子，漆雕启后。）

亡。马国翰《玉函山房丛书》有辑本。

《宓子》十六篇。（名不齐，字子贱。孔子弟子。）师古曰：宓读与伏同。

亡。王充《论衡·本性》篇云："宓子贱、漆雕开、公孙尼子之徒，亦论情性，与世子相出入。"马国翰有辑本。

《景子》三篇。（说宓子语，似其弟子。）

亡。沈钦韩云："《孟子》书有《景子》。"马国翰有辑本。

《世子》二十一篇。（名硕，陈人也。七十子之弟子。）

亡。王充《论衡·本性》篇云："周人世硕，以为人性有善有不善，举人之善性，养而致之则善长，恶性养而致之则恶长。如此则性有阴阳善恶，在所养焉。故世子作《养书》一篇。"马国翰有辑本。

《魏文侯》六篇。

亡。顾实云："文侯受经于子夏。"马国翰有辑本。

《李克》七篇。（子夏弟子，为魏文侯相。）

亡。马国翰有辑本。

《公孙尼子》二十八篇。（七十子之弟子。）

亡。《隋书·音乐志》，沈约云："《礼记·乐记》取公孙尼子。"马国翰有辑本。

《孟子》十一篇。（名轲，邹人，子思弟子，有《列传》。）师古曰：《圣证论》云轲字子车，而此志无字，未详其所得。

存。详后。

《孙卿子》三十三篇。（名况，赵人，为齐稷下祭酒，有《列传》。）师古曰：本曰荀卿，避宣帝讳，故曰孙。

存。详后。

《芈子》十八篇。（名婴，齐人，七十字之后。）师古曰：芈音弭。

亡。

《内业》十五篇。（不知作书者。）

亡。顾实云："《管子》有《内业》，古书多重复，或此竟包彼书也。"马国翰有辑本。

《周史六弢》六篇。（惠、襄之间，或曰显王时，或曰孔子问焉。）师古曰：即今之《六韬》也。盖言取天下及军旅之事，弢字与韬同也。

亡。沈涛云："此列之儒家，则非是《六韬》也。六乃大字之误，《人表》有周史大弢。弢当为弢字之误。《庄子·则阳》篇仲尼问于周史大弢。盖即其人。此乃其所著书，故班氏有孔子问焉之说。颜以为太公《六韬》，误矣。"

《周政》六篇。（周时法度政教。）

亡。

《周法》九篇。（法天地，立百官。）

亡。

《谰言》十篇。（不知作者，陈人君法度。）如淳曰：谰言粲烂。师古曰：说者引《孔子家语》云孔穿所造，非也。

亡。

《功议》四篇。（不知作者，论功德事。）

亡。

《宁越》一篇。（中牟人，为周威王师。）

亡。马国翰有辑本。

《王孙子》一篇。（一曰《巧心》。）

亡。马国翰有辑本。

《公孙固》一篇。（十八章，齐闵王失国，问之，固因为陈古今成败也。）

亡。

《李氏春秋》二篇。

亡。

《羊子》四篇。（百章，故秦博士。）

亡。

《董子》一篇。（名无心，难墨子。）

亡。王充《论衡·福虚》篇云：“儒家之徒董无心，墨家之役缠子，相见讲道，缠子称墨家佑鬼神，引秦穆公有明德，上帝赐之十九年。缠子难以尧、舜不赐年，桀、纣不夭死。”马国翰有辑本。

《俟子》一篇。李奇曰：或作《侔子》。

亡。

《徐子》四十二篇。（宋外黄人。）

亡。马国翰有辑本。

《鲁仲连子》十四篇。（有《列传》。）

亡。马国翰有辑本。

《平原君》七篇。（朱建也。）

亡。马国翰有辑本。

《虞氏春秋》十五篇。（虞卿也。）

亡。马国翰有辑本。

右共三十家。

第二章 晏子

第一节 传略

《史记·晏子列传》云：

晏平仲婴者，莱之夷维人也。事齐灵公、庄公、景公，以节俭力行重于齐；既相齐，食不重肉，妾不衣帛；其在朝，君语及之，即危言，语不及之，即危行；国有道即顺命，无道即衡命。以此三世显名于诸侯。

又云：

吾读管氏《牧民》《山高》《乘马》《轻重》《九府》及《晏子春秋》，详哉其言之也。

晏子生卒年月，已不可考。《史》称历事齐灵公、庄公、景公，则当在公历纪元前五五七年至前四九四年左右。

第二节 书本

《汉书·艺文志》云：

《晏子》八篇。

《史记·晏子列传》，《索隐》曰：

婴所著书，名《晏子春秋》，今其书有七十篇。

《史记正义》曰：

《七略》云：《晏子春秋》七篇，在儒家。

孙星衍云：

《晏子》八篇，见《艺文志》，后人以篇为卷，又合《杂》上下二篇为一，则为七卷，见《七略》及《隋志》。宋时析为十四卷，见《崇文总目》，实是刘向校本，非伪书也。《晏子》文最质古，疑出于齐之春秋，即《墨子•明鬼》篇所引。婴死，其客哀之，集其行事成书，虽无年月，尚仍旧名。凡称子者，多非自著，无足怪者。柳宗元文人无学，谓墨氏之徒为之，可谓无识。

陈直云：

案列国以来，春秋名书之义有三：有纪一人之事者，《晏子春秋》是也；有成一家之言者，《虞氏春秋》《吕氏春秋》是也；有纪一时之事者，《楚汉春秋》《吴越春秋》是也。名虽同而派别微异，此书即后代别传之胚胎，实为子部支流。纪昀《四库全书提要》入于史部，未免循名而失实矣。

观以上二说，则《晏子春秋》既非晏子自著，亦非后世伪书，其所以名为“春秋”，则由其为纪晏子一人之事，而所以列于子家不入史家，则又以其所记重在乎学说也。

《晏子春秋》内外篇之目如下：

《内篇谏上》第一　凡二十五章

《内篇谏下》第二　凡二十五章

《内篇问上》第三　凡三十章

《内篇问下》第四　凡三十章

《内篇杂上》第五　凡三十章

《内篇杂下》第六　凡三十章

《外篇重而异者》第七　凡二十七章

《外篇不合经术者》第八　凡十八章

今欲研究晏子，下列各书可供参考：

黄以周校《晏子春秋》

苏与集校《晏子春秋》

刘师培《晏子春秋补释》

第三节　学说

《汉书·艺文志》儒家类首列《晏子》八篇，而《晏子》书多毁孔子之言，故后之学者，以谓晏子不当入于儒家，当入于墨家。如柳宗元则以为墨子之徒之所为是也。不知在孔子以前，儒家非孔子所专有，犹道家非老庄所专有也。儒家非孔子所专有，则孔、晏二子同为儒家，而晏子非孔，正犹孟、荀二子同尊孔子而荀子非孟子耳，曷足怪耶？然孔、晏同时，孔子亟称晏平仲，孟子虽不屑称管仲、晏子之功，然亦甚称道晏子之言，则晏子书之毁孔子者，必为晏子之徒称其师之说以为之，其说尚当在孟子之后，不然，恐孟子之攻晏子，当不亚于攻杨、墨矣。

然则晏子之为儒为墨，殆不能以其是否毁孔而定，而当细究其立说之宗旨，然后明耳。今䌷绎《晏子》全书之要旨如下：

爱民　晏子之言，几可谓无一不本于爱民，今述一二则，以见其概。

> 景公之时，雨雪三日而不霁。公被狐白之裘，坐于堂侧陛。晏子入见，立有间，公曰："怪哉！雨雪三日而天不寒。"晏子对曰："天不寒乎？"公笑。晏子曰："婴闻古之贤君，饱而知人之饥，温而知人之寒，逸而知人之劳。今君不知也。"公曰："善。寡人闻命矣。"乃令出裘发粟与饥寒者，令所睹于涂者无问其乡，所睹于里者无问其家；循国计数，无言其名；士既事者兼月，疾者兼岁。孔子闻之曰："晏子能明其所欲，景公能行其所善也。"（《内篇谏上》第二十）

此消极的赈济之法也。

景公问晏子曰："古之盛君，其行何如？"晏子对曰："薄于身而厚于民，约于身而广于世；其处上也，足以明政行教，不以威天下；其取财也，权有无，均贫富；……尽智导民而不伐焉；劳力岁事而不责焉；为政尚相利，故下不以相害；行教尚相爱，故民不以相恶为名。"（《内篇问上》第十一）

此积极的爱民政策，在于权有无，均贫富，而又使之能相利，教之以识相爱也。

非战 晏子之主义，既以爱民为本，故对于战攻之反对，自属当然之事。

庄公问晏子曰："威当世而服天下，时邪？"晏子对曰："行也。"公曰："何行？"对曰："能爱邦内之民者，能服境外之不善；重士民之死力者，能禁暴国之邪逆；听赁贤者，能威诸侯；安仁义而乐利世者，能服天下。不能爱邦内之民者，不能服境外之不善；轻士民之死力者，不能禁暴国之邪逆；愎谏傲贤者之言，不能威诸侯；倍仁义而贪名实者，不能威当世而服天下。此其道也。"已而公不用，晏子退而

穷处，公任勇力之士而轻臣仆之死，用兵无休，国罢民害，期年，百姓大乱，而身及崔氏之祸。（《问上》第一）

此庄公欲以兵服天下，而晏子非之之说也。

景公举兵欲伐鲁，以问晏子，晏子对曰："不可。鲁公好义而民戴之。好义者安，见戴者和。伯禽之治存焉，故不可攻。攻义者不祥，危安者必困。且婴闻之：伐人者，德足以安其国，政足以和其民。国安民和，然后可以举兵而征暴。今君好酒而辟，德无以安国；厚藉敛，意使令，政无以和民。德无以安之则危，政无以和之则乱。未免乎危乱之理，而欲伐安和之国，不可。"（《内篇问上》第三）

此景公问伐国而晏子非之之说也。其义盖不外以爱民为本。

尚贤　晏子尚贤之论亦甚多，盖欲政治之良，未有不始于得人者也。

景公问晏子曰："……寡人今欲从夫子而善齐国

之政，可乎？”对曰：“婴闻国有具官，然后其政可善。”公作色不说，曰：“齐国虽小，则何谓官不具？”对曰：“此非臣之所复也。昔吾先君桓公，身体惰懈，辞令不给，则隰朋昵侍；左右多过，狱谳不中，则弦宁昵侍；田野不修，民氓不安，则宁戚昵侍；军吏怠，戎士偷，则王子成甫昵侍；居处佚怠，左右慑畏，繁乎乐，省乎治，则东郭牙昵侍；德行不中，信行衰微，则管子昵侍。先君能以人之长续其短，以人之厚补其薄，是以辞令穷远而不逆，兵加于有罪而不顿，是以诸侯朝其德，而天子致其胙。今君过失多矣，未有一士以闻也。（《内篇问上》第六）

此所谓具官，即得贤人之谓。盖不得其贤，则如无官矣。

尚俭　《史记·晏子列传》称晏子以节俭力行重于齐，既相齐，食不重肉，妾不衣帛，则晏子之尚俭可知。

景公问晏子曰：“贤君之治国若何？”晏子对曰：“其政任贤，其行爱民，其取下节，其自养俭。”（《内篇问上》第三）

此数语实已表明晏子对政治之大主张，即尚贤、爱民、尚俭是矣。盖爱民则未有不尚俭者。夫不俭则奢，奢则不足，不足则取于民者必滥，则必有害民之政矣。然晏子之俭，乃俭于自奉而已，非吝于与人也。

> 叔向问晏子曰："啬、吝、爱之于行何如？"晏子对曰："啬者君子之道；吝爱者，小人之行也。"叔向曰："何谓也？"晏子曰："称财多寡而节用之，富无金藏，贫不假贷，谓之啬；积多不能分人，而厚自养，谓之吝；不能分人，又不能自养，谓之爱。"（《内篇问下》第二十三）

然则晏子之俭，乃节之于己而将以之厚分于人者也。

或曰：爱民也，非战也，尚贤也，尚俭也，与墨子之兼爱、非攻、尚贤、节用，宁有二致乎？然则谓晏子为墨，又奚不可者？曰：是不然。凡论学当究其根本，否则儒家亦何尝不泛爱？何尝不非战？何尝不尚贤？何尝不尚俭？若以是而论，则儒家又何异于墨家？则不将如韩退之所谓孔子必用墨子，墨子必用孔子，不相用不足为孔墨者邪？

以余论之：晏子儒家，非墨家也。何也？以其根本与儒同也。其根本与儒同者何？一曰：崇礼；二曰：非鬼。今略述之如下：

崇礼说 晏子言礼之处甚多，兹略录一二如下：

景公饮酒酣，曰："今日愿与诸大夫为乐饮，请为无礼。"晏子蹴然改容曰："君之言过矣。群臣固欲君之无礼也。力多足以胜其长，勇多足以弑君，而礼不使也。禽兽以力为政，强者犯弱，故日易主。今君去礼，则是禽兽也。群臣以力为政，强者犯弱，而日易主。君将安立矣？凡人所以贵于禽兽者，以有礼也。"（《内篇谏上》第二）

晏子侍于景公，朝寒，公曰："请进暖食。"晏子对曰："婴非君奉馈之臣也。敢辞。"公曰："请进服裘。"对曰："婴非君茵席之臣也。敢辞。"公曰："然则夫子之于寡人何为者也？"对曰："婴社稷之臣也。"曰："何谓社稷之臣？"对曰："夫社稷之臣，能立社稷，别上下之义，使当其礼；制百官之序，使得其宜；作为辞令，可分布于四方。"自是之后，君不以礼不见晏子。（《内篇杂上》第十三）

晏子之重礼如此，其根本盖与儒家同。墨家虽不非礼，而以非乐之故，礼亦非其所重。故《庄子·天下篇》称墨子云毁古之礼乐也。墨之后流而为侠，韩非子谓儒以文乱法，而侠以武犯禁。则晏子之非墨，而《汉志》以之列于儒家，当矣。

非鬼说　孔子言“未知生，焉知死？未能事人，焉能事鬼？”则鬼固非儒家所迷信也。墨子书有《明鬼篇》，有《天志篇》，皆信天神人鬼者也。晏子则不然，其言曰：

> 祝直言情，则谤吾君也；隐匿过，则欺上帝也；上帝神，则不可欺；上帝不神，祝亦无益。（《内篇谏上》第十二）

晏子此言虽分神与不神为说，而意则在明上帝之不神，而止景公之祝也。与墨子《明鬼篇》所言祝鬼者大异矣。

> 齐大旱逾时。景公召群臣问曰：“天不雨久矣，民且有饥色，吾使人卜，云：祟在高山广水。寡人欲少赋敛以祠灵山，可乎？”群臣莫对。晏子进曰：“不可。祠此无益也。夫灵山固以石为身，以草木为发，天久不雨，发将焦，身将热，彼独不欲雨乎？祠之无益。”公曰：“不然，吾欲祠河伯，可乎？”晏子曰：“不可。河伯以水为国，以鱼鳖为民。天久不雨，泉将下，百川竭，国将亡，民将灭矣，彼独不欲雨乎？祠之何益？”（《内

篇谏上》第十五）

晏子盖以山河皆无鬼神，故祠之无益也。与墨子之重祭天祠鬼者大异矣。然晏子虽不信鬼神，而亦常欲藉鬼神以匡君。

> 景公……西面望，睹彗星，召伯常骞，使禳去之。晏子曰："不可，此天数也。日月之气，风雨不时，彗星之出，天为民之乱见之，故诏之妖祥，以戒不敬。今君若设文而受谏，谒圣贤人，虽不去彗，星将自亡。"（《内篇谏上》第十八）

晏子既不信鬼神，而又欲因灾异以匡君，正与孔子言天何言，而后儒亦言喜灾异，同一辙焉。然则晏子之为儒家而非墨家也审矣。

第三章　孟子

第一节　传略

《史记·孟子列传》云：

> 孟轲，邹人也，受业子思之门人。道既通，游事齐宣王，宣王不能用；适梁，梁惠王不果所言，则见以为迂远而阔于事情。当是之时，秦用商君，富国强兵；楚魏用吴起，战胜弱敌；齐威王、宣王用孙子、田忌之徒，而诸侯东面朝齐。天下方务于合从连衡，以攻伐为贤，而孟轲乃述唐、虞、三代之德，是以所如者不合，退而与万章之徒序《诗》《书》，述仲尼之意，作《孟子》七篇。

《史记》谓孟子受业子思之门人，而赵岐《孟子题辞》则谓其师孔子之孙子思。清末吴汝纶谓汉人皆称孟子受业子思，皆本《史记》，故《史记》本文当如王邵说，门下衍人字。则《史记》亦与赵岐合，要之，孟子之学本于子思，书中屡称之。子思作《中庸》，言天命之谓性，而孟子道性善，实深受其影响无疑也。

孟子生卒年月无可考，后儒纷纷争辩，均难确信。吴汝纶据《史记》本传称其先游齐，后适梁；《六国表》魏惠王三十五年，大书“孟子来”。梁惠王以魏文侯二十五年生，生三十而即位，即位三十五年，年六十五矣。孟子初至梁，梁惠王谓之曰叟，其年当长于惠王，则游梁时年且七十，则孟子之生当在周威烈王十六年，约在公历前四一〇年也。

第二节　书本

《汉书·艺文志》云：

> 《孟子》十一篇。

《史记·孟子列传》云：

> 孟轲……退而与万章之徒，序《诗》《书》述仲尼之意，作《孟子》七篇。

赵岐《孟子题辞》云：

> 退而论集所与高第弟子公孙丑、万章之徒，难疑答问，又自撰其法度之言，著书七篇，二百六十一章，三万四千六百八十五字。……又有外书四篇，《性善辩》《文说》《孝经》《为政》，其文不能宏深，似非孟子本真也。

然则《艺文志》十一篇，乃连外书四篇而言。今外书已亡，止存七篇耳。其七篇之目如下：

《梁惠王》
《公孙丑》
《滕文公》
《离娄》
《万章》
《告子》
《尽心》

今欲研究《孟子》，下列各书可供参考：

赵岐《孟子章句》

朱熹《孟子集注》

戴震《孟子字义疏证》

焦循《孟子正义》

高步瀛《孟子文法读本》

唐蔚芝先生《孟子大义》

第三节　学说

性善论　孔子曰："性相近也，习相远也。"孔子盖以谓人性本相近，维习于善则为善人，习于恶为恶人。当其未习，盖如阴阳二电，未经摩擦，浑然如一，不分阴阳，不别善恶，则性固无善无恶也。至孟子乃标性善之旨，其书七篇，言政言教，莫非本于性善之说。而《告子》一篇，论之尤精详。

公都子曰："告子曰：'性无善无不善也。'或曰：'性可以为善，可以为不善。是故文、武兴，则民好善；幽、厉兴，则民好暴。'或曰：'有性善，有性不善，是故以尧为君而有象，以瞽瞍为父而有舜，以纣为兄之子且以为君，而有微子启、王子比干。'今曰性善，则彼皆非与？”孟子曰：“乃若其情，则可以为善矣，乃所谓善也。若夫为不善，非才之罪也。恻隐之心，人皆有之；羞恶之心，人皆有之；恭敬之心，人皆有之；是非之心，人皆有之。恻隐之心，仁也；羞恶之心，义也；恭敬之心，礼也；是非之心，智也。仁义礼智，非由外铄我也，我固有之也，弗思耳矣。故曰：求则得之，舍则失之。或相倍蓰，而无算者，不能尽其才者也。”（《告子篇》）

孟子之意，盖以为仁义礼智，皆人性本有，换言之：仁义礼智即人之性。仁义礼智为善，故曰性善。而人所以有善有恶者，则视乎此性之得失，非此性之有善恶也。孟子既主性善，故由是推之，而立其教育论、政治论。

教育论　孟子既主性善，故其教育：

第一步主存性，

第二步主扩性。

所谓存性者，以人本有此善性，换言之，即本有此仁义礼智之性，惟当存而勿失耳。

人之所以异于禽兽者几希，庶民去之，君子存之。（《离娄篇》）

此盖谓人之所以与禽兽异者，惟此善性。惟小人则本有而去之，君子则本有而存之耳。

善性既须保存，则当禁外来之侵伐。

> 牛山之木尝美矣，以其郊于大国也，斧斤伐之，可以为美乎？……虽存乎人者，岂无仁义之心哉？其所以放其良心者，亦犹斧斤之于木也，旦旦而伐之，可以为美乎？（《告子篇》）

然则人之为恶者，伐去其善性而已，非其性之本恶也。善性既能存，故又当扩而充之。

> 凡有四端于我者，皆知扩而充之矣，若火之始然，泉之始达。苟能充之，足以保四海；苟不充之，不足以事父母。（《公孙丑篇》）

此扩性之说也。或言扩，或言充，其在他文，或言推，或言达，均一义也。虽然，所谓扩之云者，亦须顺其自然，不过严防外物之侵伐，而使其得遂自然生长，如树木者焉。

> 故苟得其养，无物不长；苟失其养，无物不消。

此“养”字最含有自然之义。如鱼之于水，人之于空气，失之则死，而得之亦极自然。反之若加以强力，则反足以害之。

> 必有事焉而勿正，心勿忘，勿助长也。无若宋人然。宋人有悯其苗之不长而揠之者，芒芒然归，谓其人曰：“今日病矣，予助苗长矣。”其子趋而往视之，苗则槁矣。天下之不助苗长者寡矣。以为无益而舍之者，不耘苗者也；助之长者，揠苗者也。非徒无益，而又害之。（《公孙丑篇》）

此文“正心”二字，当是“忘”之误，分为“亡心”，“亡”又误为“正”，后人遂读为“必有事焉而勿正”句。“心勿忘”句，其文义遂难通矣。古文“忘”与“妄”通，详见拙著《墨子间诂补正》。必有事焉而勿妄，勿妄勿助长也。如此，则文甚明白。孟子盖以助长为妄，不耘苗为无事。无事则外物足以伐性，犹不耘则莠可以伤苗。妄则伤其本性，犹助苗适以害苗也。故其教育最重学者之自得。

> 君子深造之以道，欲其自得之也。自得之，则居之安；居之安，则资之深；资之深，则取之左右逢其源。

故君子欲其自得之也。（《离娄篇》）

故孟子之教育学说，可谓主张自然主义，发展个性主义者，皆基本于性善之说者也。夫惟其善乃可以任自然，乃可以任发展也。

政治论 孟子之教育论，既本于性善之说，而贵扩充，其对于政治立论亦同。

人皆有不忍人之心，先王有不忍人之心，斯有不忍人之政矣。（《尽心篇》）

故推恩足以保四海，不推恩无以保妻子。古之人所以大过人者无他焉，善推其所为而已。（《梁惠王篇》）

以不忍人之心扩而充之为不忍人之政，所谓推恩也。其推之之道奈何？

老吾老，以及人之老；幼吾幼，以及人之幼：天下可运诸掌。（《梁惠王篇》）

盖谓吾爱吾亲，要当推其爱于他人之亲，使他人亦得各爱其亲；吾爱吾子，当推其爱于他人之子，使他人亦得各爱其子。然则推之法当如何乎？

> 是故明君制民之产，必使仰足以事父母，俯足以畜妻子，乐岁终身饱，凶年免于死亡，然后驱而之善，故民之从之也轻。今也制民之产，仰不足以事父母，俯不足以畜妻子，乐岁终身苦，凶年不免于死亡，此惟救死而恐不赡，奚暇治礼义哉？王欲行之，则盍反其本矣。五亩之宅，树之以桑，五十者可以衣帛矣；鸡豚狗彘之畜，无失其时，七十者可以食肉矣；百亩之田，勿夺其时，八口之家可以无饥矣；谨庠序之教，申之以孝悌之义，颁白者不负戴于道路矣。老者衣帛食肉，黎民不饥不寒，然而不王者，未之有也。（《梁惠王篇》）

此段实可谓孟子政治学说之总论，所谓王道仁政者也。其大旨实在乎先富而后教。一言以蔽之，皆扩充爱己之爱，以及人者也。皆不失孔子忠恕之义焉。

第四章　荀子

第一节　传略

《史记·荀卿列传》云：

> 荀卿，赵人，年五十，始来游学于齐。……田骈之属，皆已死齐襄王时，而荀卿最为老师。齐尚修列大夫之缺，而荀卿三为祭酒焉。齐人或谗荀卿，荀卿乃适楚，而春申君以为兰陵令。春申君死，而荀卿废，因家兰陵。李斯尝为弟子，已而相秦。荀卿嫉浊世之政，亡国乱君相属，不遂大道，而营于巫祝，信机祥，鄙儒小拘，如庄周等又滑稽乱俗，于是推儒、墨、道德之行事兴坏，序列著数万言而卒。

《史记》不载荀卿名，《索隐》云："名况，卿者，时人相尊而号为卿也。"荀、孙古音近，故又称孙卿。其生卒年月，以胡适《中国哲学史大纲》所订年表较为可信，兹录之如下：

西历前	（二六五至二六〇）	荀卿年五十游齐
同	（二六〇至二五五）	入秦见秦昭王及应侯
同	（二六〇至二五〇）	游赵见孝成王
同	（二五〇至二三八）	游楚为兰陵令
同	（二三〇左右）	死于兰陵

第二节　书本

《汉书·艺文志》云：

《孙卿子》三十三篇。

陈直《周秦诸子述略》云：

刘向《别录》云：《孙卿书》凡三百二十三篇，以相校除重复二百九十篇，定著三十三篇，为十二卷。夫以三百余篇重复者多至二百九十篇。刘向校书屡言去其重复，殆庄子所谓重言十七者乎？王应麟《艺文志考证》谓当作三十二篇。案《后汉书·荀淑传》，荀卿子著书三十二篇，与王说合。

《荀子》三十二篇之目如下：

《劝学篇》第一

《修身篇》第二

《不苟篇》第三

《荣辱篇》第四

《非相篇》第五

《非十二子篇》第六

《仲尼篇》第七

《儒效篇》第八

《王制篇》第九

《富贵篇》第十

《王霸篇》第十一

《君道篇》第十二

《臣道篇》第十三

《致仕篇》第十四

《议兵篇》第十五

《强国篇》第十六

《天论篇》第十七

《正论篇》第十八

《礼论篇》第十九

《乐论篇》第二十

《解蔽篇》第二十一

《正名篇》第二十二

《性恶篇》第二十三

《君子篇》第二十四

《成相篇》第二十五

《赋篇》第二十六

《大略篇》第二十七

《宥坐篇》第二十八

《子道篇》第二十九

《法行篇》第三十

《哀公篇》第三十一

《尧问篇》第三十二

今欲研究《荀子》，下列诸书可供参考：

王先谦《荀子集解》

刘师培《荀子补释》

《荀子词例》

陶鸿庆《荀子札记》

第三节　学说

性恶论　荀子之性恶论，盖专为反对孟子之性善论而作。

其《性恶篇》云：

人之性恶，其善者伪也。今人之性，生而好利焉，顺是，故争夺生而辞让亡焉；生有疾恶焉，顺是，故残贼生而忠信亡焉；生而有耳目之欲，有好声色焉，顺是，故淫乱生而礼义文理亡焉。然则从人之性，顺人之情，必出于争夺，合于犯分乱理，而归于暴，故必将有师法之化，礼义之道，然后出于辞让，合于文理，而归于治。用此观之，然则人之性恶明矣，其善者伪也。故枸木必将待檃栝烝矫然后直，纯金必将待砻厉然后利，今人之性恶必将待师法然后正，得礼义然后治。……古者圣王以人之性恶，以为偏险而不正，悖乱而不治，是以为之起礼义，制法度，以矫饰人之情性而正之，以扰化人之情性而导之也，使皆出于治合于道者也。……孟子曰：人之学者其性善。曰：是不然，是不及知人之性，而不察乎人之性、伪之分者也：凡性者，天之就也，不可学，不可事。礼义者，圣人之所生也，人之所学而能，所事而成者也。不可学，不可事，而在人者谓之性；可学而能，可事而成之在人者，谓之伪。是性、伪之分也。

荀子所持性恶之理由，大略如此。盖孟子以恻隐、是非、辞让、羞恶，皆出于人之本性；而荀子则以好利、疾恶等等，皆生于人之本性。盖各持一端，以立论者也。然则孰为是邪？曰：孟子云——

故凡同类者举相似也，何独至于人而疑之？圣人与我同类者。（《告子篇》）

而荀子则云：

问者曰：礼义积伪者，是人之性，故圣人能生之也。应之曰：是不然。夫陶人埏埴而生瓦，然则瓦埴岂陶人之性也哉？工人斲木而生器，然则器木岂工人之性也哉？夫圣人之于礼义也，辟则陶埏而生之也。然则礼义积伪者，岂人之性也哉？（《性恶篇》）

合孟、荀二子之言观之，则孟子以圣人为同类。而荀子则以陶人埏土为瓦，以比圣人化性而为仁义。夫陶人非土，土非陶人，由荀子之说推之，则荀卿必将谓圣人为非人而后可。然则孟子之论固当优于荀子矣。

荀子既以人性恶，故须积善去恶。其政治学说与教育学说，均不外乎此。

教育论　荀子既以为人性恶，故教育之目的在使人：

积善以去恶。

而其教育之方法，则在乎使人：

博学以知积。

今特分别述之：

天非私曾骞、孝己而外众人也。然曾骞、孝己独厚于孝之实，而全于孝之名者，何也？以綦礼义故也。天非私齐、鲁之民而外秦人也。然而于父子之义，夫妇之别，不如齐、鲁之孝具敬父者，何也？以秦人之从情性，安恣睢，慢于礼义故也。岂其性异矣哉？（《性

恶篇》）

此盖以能积礼义则恶可去，无礼义则安情性，而恶不可去也。人之或为君子或为小人，全视其能积与否。

> 今使涂之人伏术为学，专心一志，思索熟察，加日悬久，积善而不息，则通于神明，参于天地矣。故圣人者，人之所积而致也。（《性恶篇》）

然则将何术可以使人知积善乎？荀子又云：

> 今使人生而未尝睹刍豢稻粱也，惟菽藿糟糠之为睹，则以至足为在此也；俄而粲然有秉刍豢稻粱而至者，则瞲然视之曰："此何怪也？"彼臭之而无嗛于鼻，尝之而甘于口，食之而安于体，则莫不弃此而取彼矣。今以夫先王之道，仁义之统，以相群居，以相持养，以相藩饰，以相安固邪？以夫桀、跖之道，是其为相悬也，几直夫刍豢之悬糟糠耳哉？然而人力为此而寡为彼，何也？曰：陋也。陋也者，天下之公患也，人之大殃大害也。（《荣辱篇》）

既知人之所以不知积善者在乎陋，则治陋之方，厥惟博学。

> 故木就绳则直，金就砺则利，君子博学而参省乎己，则知明而行无过矣。（《劝学篇》）

其所博学者为何乎？荀子曰：

> 学恶乎始？恶乎终？曰：其数则始乎诵经，终乎读礼；其义则始乎为士，终乎为圣人。真积力久则入，学至乎没而后止也。故学数有终，若其义则不可须臾舍也。……故《书》者，政事之纪也；《诗》者，中声之所止也；《礼》者，法之大分，类之纲纪也。故学至乎礼而止矣。（《劝学篇》）

故荀子之教育，其要在使人明礼。

政治论　荀子教育以礼为要，其对政治亦持礼治主义。

> 礼起于何也？曰：人生而有欲，欲而不得则不能无求，求而无度量分界，则不能不争。争则乱，乱则穷。先王恶其乱也，故制礼义以分之，以养人之欲，

给人之求，使欲必不穷乎物，物必不屈于欲，两者相持而长，是礼之所起也。故礼者养也，刍豢稻粱，五味调香，所以养口也；椒兰芬苾，所以养鼻也；雕琢刻镂，黼黻文章，所以养目也；钟鼓管磬，琴瑟竽笙，所以养耳也；疏房檖貌，越席床第几筵，所以养体也。君子既得其养，又好其别。曷谓别？曰：贵贱有等，长幼有差，贫富轻重，皆有称者也。（《礼论篇》）

荀子之意，盖以人生而有欲，人之欲望无穷，而物之供给有限，故不能不以礼节欲。然其所以节欲，则与后儒之主绝欲者绝殊。盖荀子之节欲，乃所以达欲，故曰：养人之欲，给人之求也。节欲之道有二：一为属于修身者，二为属于社会与政治者。属于修身者，譬如节饮食，则合卫生而不伤身，乃能长享饮食之乐，荀子所谓：“食饮衣服，居处动静，由礼则和节，不由礼则触陷生疾”（《修身篇》）者也。属于社会与政治者则贵乎分，使各安本分，不能逾越，则物力可以供给，而不至于争，盖儒家之理想，常以贤则必贵，愚则必贱，国家必量能受职，量能给禄，则其享受亦当量入以为出，故有贵贱贫富长幼之分也。故曰：

夫贵为天子，富有天下，是人情之所同欲也。然则从人之欲，则势不能容，物不能赡也。故先王案为之制礼义以分之，使之有贵贱之等，长幼之差，知愚能不能之分，皆使人载其事而各得其宜。然后使悫禄多少厚薄之称。是夫群居和一之道也。（《荣辱篇》）

推荀子之意，盖以为彼之礼治主义，在社会国家，则为至阶级而至平等者；在个人则为至限制而至自由者也。盖有礼以限制之，则人人皆不侵犯人之自由，而我乃可以得自由矣。人人皆因其才而享受，则人人得其平而不至于争，则虽不平乃大平矣。此儒家之理想政治也。而无如天下之人，贤者未必贵，贵者未必贤何？

第二编　道家

第一章　道家总论

第一节　本源

《汉书·艺文志》云：

道家者流，盖出于史官，历记成败、存亡、祸福、古今之道，然后知秉要执本，清虚以自守，卑弱以自持，此人君南面之术也。

此明道家之远源也。然今人顾实云：

道家诚出于史官，伊尹、太公非史官，则其权首非自黄帝而谁与？黄帝立史官以来，史氏世守其绪，下至周末。老子为柱下史，爰播黄帝之书于民间，不然，黄老道德之术，曷为而来哉？司马谈世家为史，犹知此义，故先黄老而后《六经》，其明验也。自汉武崇儒，而刘《略》、班《志》，咸体此旨，不独先《六经》而后黄、老也，抑且黄老而老黄之，先老而后黄矣。然试问合于历史自然之序否？其乖戾一也。儒家助人君明教化，道家君人南面之术，先儒而后道，是未有人君而已有助人君者也：其乖戾二也。故于此而谓之汉氏之政策则可，谓之学术当然，则无是处。（《汉书艺文志讲疏》）

顾氏之意，盖以谓道家出史官，史官始于黄帝，故道家当始于黄帝，而《汉志》则列伊尹为首，而列黄帝于老子之后，为先后倒置也。又道家为人君之术，而儒家为人臣之学，先君而后臣，故当先道家而后儒家，乃合学术历史自然之序，而班氏先儒后道，为轻重倒置也。虽然，班《志》之次第十家，盖亦未尝明言据学术历史之次第以为先后也。其列黄帝于老、庄、列之后。盖以其为晚周人之书耳。顾氏之诋班氏，未为允也。然道家出于史，实为诸家之祖，今人张采田云：

《六艺》皆史也。百家道术，《六艺》之支与流裔也。何以知其然哉？中国文明，开自黄帝，黄帝正名百物，始备百官，官各有史，史世其职，以贰于太史，太史者，天子之史也，其道君人南面之术也。……故自孔子以上诸子未分以前，学术政教皆聚于官守，一言以蔽之，曰：史而已矣。史之书也六，曰《诗》，曰《书》，曰《易》，曰《礼》《乐》，曰《春秋》。（《史微内篇》卷一《原史》）

昔者黄帝既执道以济天下矣，知道为人君之要术，得之者昌，失之者亡，故立史官而世守之，以垂训后王。非得道者如夏之终古，商之向挚，周之辛甲、尹佚，莫能居是职焉。而一时佐人君明治理者，若伊尹辅汤，鬻熊、太公兴周，管仲治齐，亦无不推原斯学以秉要而执本。降及东迁，天子失官，老聃乃以守藏史述黄帝上古之言，著道德五千言，庄、列、关尹之徒羽翼之，号为道家，盖始此矣。是故道家者，君人南面之术，六艺之宗子，百家之祖，而我孔子所师承也。（《史微内篇》卷二《原道》）

此序述道家之起源，所以见道家为百家之始也。

黄帝之是否有其人，今已成问题。然藉令果有其人，则道家可谓始于黄帝，而集大成于老子，正犹儒家始于尧舜，而集大成于孔子也。

第二节 命名

道家之名，江瑔《读子卮言》亦非之。其言曰：

> 道之为物，大之足以弥纶天地，小之足以无间身心，精深广大，不可方物。然亦道术之通称，犹孟子所云若大路然，诸子百家莫不包涵大道者也。乃独举道家之名以目老庄之徒，则诸子百家皆非道邪？……大氐名道家之故，实由老子之《道德经》，然道经德经以首句之道字德字而得名，如《关雎》《麟趾》之类，古人著书，素有此体，非老子深意所在，无关宏旨者，乃掇取其书之半名，而为其一家之专号，恐非老子之所愿。且老子书本名《道德经》，非名道经，与其掇半而名曰道家，何如掇其全而名曰道德家之为愈邪？（《读子卮言》卷一《论九流之名称》）

江氏之说，有两说足以破之：一曰道家出于史，史为道术之总归，故道家可名为道。诸子之学为道家之支与流裔。故道家为道术之全部，而诸子为道术之一部。全部可以括道，而一部不足以括道，犹全身谓之人，一手一足则不得谓之人。故道家可名道，而余家不得名道也。二曰道家至老子而集其大成，老子曰："失道而后德，失德而后仁，失仁而后义，失义而后礼。"盖标道为最高，能至于道，则德与仁义礼等皆可废。故标道之宗旨以为教，余虽言道而所标异此，故道家所以名道，而他家则各随其所标以立名也。

第三节　流派

吾尝谓道家之流派可分为四：

一、有为派。

二、无为而无不为派。

三、无为派：任天派，纵欲派，遁世派。

四、无不为派。

道家起于黄帝，假令实有其人，则史书所载，黄帝盖诛逐无道，统一天下，设百官，明制度，明君人南面之术以为人君者也。下及伊尹、太公、鬻熊，亦皆佐人君征诛，为帝王师，管子于齐亦多兴革，称为仲父，皆有为派也。

其所以能有为者，盖必其能顺事物之自然，与人无逆，故得成焉。及至老子乃益阐自然之旨，为于自然，故为如无为，而所为乃无不成，此老子之旨也。故可谓为无为而无不为派。及至庄周，则去老子之无不为，而专任天，是为无为派中之任天派；杨朱则以任情为无为，故专主纵欲，是为无为派中之纵欲派；陈仲子则以“上不臣于王，下不治其家，中不交索诸侯”（《战国策·赵策》）为无为，故以遁世为主义，故可谓为无为派中之遁世派。韩非尝著《喻老》《解老》，其出于道家明甚。然去老子之无为，而专重干涉，故为无不为派，而流入于法家。此秦以前道家之派别也。又老子以绝对之生为无生，庄子以死生为一，后世有养生派，于是道家有长生派。自秦以后流而为方士派。又道家为百家之祖，分而为阴阳家，其后又与道家合，于是道家有五行派。至东汉以后，又与释佛合，而道家乃有僧道派。此皆失道家之本真，支配吾国之思想界数千年，而使吾国学术政治无进步者也。

第四节　评议

《艺文志》云：

> 道家者流，……知秉要执本，清虚以自守，卑弱以自持，此君人南面之术也，合于尧之克让，《易》之嗛嗛，一嗛而四益，此其所长也。及放者为之，则欲绝去礼学，兼弃仁义，曰独任清虚，可以为治。

此论道家之长，并及其末流之弊也。然其于道家之精微博大，尚未之及，则刘、班者，盖儒家之流，道家之言，盖非其所精诣者矣。

司马谈《论六家要旨》云：

> 道家使人精神专一，动合无形，赡足万物，其为术也，因阴阳之大顺，采儒、墨之善，撮名、法之要，与时迁移，应物变化，立俗施事，无所不宜，指约而易操，事少而功多。

此言道家集诸家之所长，一似先有诸家而后有道家也者。不知道家本诸家之祖，可谓有诸家之长，而不得谓之因，谓之采，谓之撮也。司马谈又云：

> 道家无为，又曰无不为，其实易行，其辞难知。其术以虚无为本，以因循为用。无成势，无常形，故

能究万物之情。不为物先，不为物后，故能为万物主。有法无法，因时为业；有度无度，因物与合。故曰：圣人不朽，时变是守。虚者道之常也，因者君之纲也。群臣并至，使各自明也。其实中其声者谓之端，实不中其声者谓之窾。窾言不听，奸乃不生；贤不肖自分，白黑乃形；在所欲用耳，何事不成？乃合大道，混混冥冥。光耀天下，复反无名。

凡人所生者神也，所托者形也。神大用则竭，形大劳则敝，形神离则死。死者不可复生，离者不可复返，故圣人重之。由是观之，神者生之本也，形者生之具也。不先定其神，而曰"我有以治天下"，何由哉？

以上两节，前节言君人南面之术，后节言南面之术以养生定神为主，而要之皆未得道家之精者也。夫以司马氏世为史官，而犹不足以知道家之真，则道家之真，其霾没不彰，不亦宜哉？

第五节　家数

《汉书·艺文志》所录周、秦道家如下：

《伊尹》五十一篇。（汤相。）

亡。马国翰有辑本。

《太公》二百三十七篇。（吕望为周师尚父，本有道者，或有近世又以太公术者所增加也。）

《谋》八十一篇，《言》七十一篇，《兵》八十五篇。

亡。今传《六韬》恐亦伪托，孙星衍有校本。

《辛甲》二十九篇。（纣臣，七十五谏而去，周封之。）

《鬻子》二十二篇。

亡。唐逢行珪所献一卷，十四篇，当亦伪书。

《管子》八十六篇。

残。严可均云：八十六篇，至梁、隋时，亡《谋失》《止言》《封禅》《言昭》《修身》《问霸》《牧民解》《问乘马》《轻重丙》《轻重庚》十篇。宋时又亡《王言》篇。近人编书目者，谓此书多言管子后事，盖后人附益者多。余不谓然，先秦

诸子皆门弟子或宾客或子孙撰定，不必手箸。(《铁桥漫稿》)

《老子邻氏经传》四篇。(姓李，名耳，邻氏传其学。)

传亡。今传老子不详何本，详后。

《老子傅氏经说》三十七篇。（述老子学。）

傅氏说亡。今老子不详何氏本。

《老子徐氏经说》六篇。

徐氏说亡。今老子不详何氏本。

刘向《说老子》四篇。

亡。

《文子》九篇。（老子弟子，与孔子并时，而称周平王问，似依托也。）

亡。章炳麟云：今之《文子》，半袭《淮南》，所引老子，亦多怪异，其为依托甚明。（《菿汉微言》）

《蜎子》十三篇。（名渊，楚人，老子弟子。）

亡。

《关尹子》九篇。（名喜，为关吏，老子过关，喜去吏而从之。）

亡。

《庄子》五十二篇。

残。详后。

《列子》八篇。

亡。马叙伦云：刘向叙录亦依托。盖《列子》书早亡，故不甚称于作者。魏晋以来，好事之徒，聚敛《管子》《晏子》《论语》《山海经》《墨子》《尸佼》《韩非》《吕氏春秋》《韩诗外传》《淮南》《说苑》《新序》《新论》之言，附益晚说，成此八篇，假为向叙以见重。

《老成子》十八篇。

亡。

《长卢子》九篇。（楚人。）

亡。

《王狄子》一篇。

亡。

《公子牟》四篇。（魏之公子也，先庄子，庄子称之。）

亡。

《田子》二十五篇。（名骈，齐人，游稷下，号天口骈。）

亡。马国翰有辑本。

《老莱子》十六篇。

亡。马国翰有辑本。

《黔娄子》四篇。

亡。马国翰有辑本。

《宫孙子》二篇。

亡。

《鹖冠子》一篇。（楚人，居深山，以鹖为冠。）

亡。今传本伪书，柳宗元已辨之。

《周训》十四篇。

亡。

《黄帝四经》四篇。

亡。此盖战国时人之书，故列于此。

《黄帝铭》六篇。

残。顾实云：黄帝《金人铭》，见于《荀子》，太公《金匮》，刘向《说苑》；黄帝《巾几铭》，见于《路史》，是六铭尚存其二也。柱谓黄帝《铭》，盖列国诸子所展转附益者，非其本也，故列于此。

《黄帝君臣》十篇。（起六国时，与老子相似也。）

亡。

《杂黄帝》五十八篇，（六国时贤者所作。）

亡。柱按：班于此注明“六国时贤者所作”，而黄帝《四经》、黄帝《铭》不言，此已决定而彼尚怀疑也。

《力牧》二十二篇。（六国时所作，托之力牧。力牧，黄帝相。）

亡。

《孙子》十六篇。（六国时。）

亡。顾实云：班注云六国时，则非兵权谋家之吴、齐二孙子也。

《捷子》二篇。（齐人，武帝时说。）

亡。王念孙曰：捷子，六国时人，《人表》在尸子之后，邹子之前，《史记》作接子，注“武帝时说”四字，乃涉下条注“武帝时说于齐王”而衍。（《读书杂志》）

《郑长者》一篇。（六国时。先韩子，韩子称之。）

亡。

《楚子》三篇。

亡。不知何时人，姑列于此。

右共三十三家。

第二章　老子

第一节　传略

《史记·老子列传》云：

老子者，楚苦县厉乡曲仁里人也，名耳，字聃，姓李氏，（原文作“姓李氏，名耳，字伯阳，谥曰聃”。今据王念孙说改正。）周守藏室之史也。孔子适周，将问礼于老子，老子曰：“子所言者，其人与骨皆已朽矣，独其言在耳。且君子得其时则驾，不得其时则蓬累而行。吾闻之：良贾深藏若虚，君子盛德，容貌若愚，去子之骄气与多欲，态色与淫志，是皆无益于子之身。吾所以告子者，若是而已。”孔子去，谓弟子曰：“鸟，吾知其能飞；鱼，吾知其能游；兽，吾知其能走。走者可以为罔，游者可以为纶，飞者可以为缯，至于龙，吾不知，其乘风云而上天。吾今日见老子，其犹龙邪？”老子修道德，其学以自隐无名为务。居周久之，见周之衰，乃遂去。至关，关令尹喜曰：“子将隐矣，强为我著书。”于是老子乃著书上下篇，言道德之意五千余言而去，莫知其所终。

老子之生卒年月，已不可考。胡适《中国哲学史大纲》云：孔子适周总在他三十四岁以后，当西历纪元前五一八年以后，大概孔子见老子在三十四岁与四十一岁之间，老子比孔子至多不过大二十岁，当生于周灵王初年，当西历前五七零年左右。至老子之死，则更无法推测。胡适谓为至多不过九十多岁，未免武断。古今人寿百数十岁者甚多，老子即不如《史记》所谓二百余岁之老，而所谓百六十余岁，则非绝无之事也。

第二节　书本

《汉书·艺文志》云：

《老子邻氏经传》四篇。

《老子傅氏经说》三十篇。

《老子徐氏经说》六篇。

刘向《说老子》六篇。

今汉时诸家传说均已亡，而所传《老子》不能详其为何本矣。韩非书中有《喻老》《解老》，当为注《老》最古之书矣。此外惟王弼注本为最古，河上公本则伪书也。《七略》曰："刘向定著二篇，八十一章，上经三十四章，下经四十七章。"然则今本分八十一章，尚是刘向之旧。惟分上经三十七章，下经四十四章，则又后人改易也。陆游云："晁以道谓王辅嗣本《老子》曰《道德经》，不析乎道德之而上下之，犹近于古。今此本久已离析。"则王本之失真，亦久矣。伪河上公本更于每章而加之以题目，尤为近俗。又老子书古只称《老子》，分上下篇，《史记》谓其言道德之意而已，非谓名为"道德经"也。《汉志》虽有《老子邻氏经传》《老子傅氏经说》《老子徐氏经说》等之名，亦以对传说而称经耳，不名为"道德经"也。而后人乃更从而析之，以上篇为道经，下篇为德经，则不经之甚者矣。

今欲研究《老子》，则下列之书可供参考：

顾欢《道德经疏》

王弼《老子注》

焦竑《老子翼》

魏源《老子本义》

毕沅《老子考异》

罗振玉《老子考异》

陶鸿庆《读老子札记》

刘师培《老子韵表》

刘师培《老子斠补》

陈柱《老子学八篇》

陈柱《老子集训》

陈柱《老子注》（商务印书馆《学生国学丛书本》）

陈柱《老子韩氏学》

武内义雄《老子原始》

武内义雄《老子之研究》

第三节　学说

宇宙说　古代民智未启，对于宇宙，如天地日月等，莫不以为有神，尤以天为神秘，以谓有上帝为之主宰，创造万有，指挥一切。至孔子而后有怀疑，老子而后生反对。盖老子者以宇宙为不可思议之物。不可思议者无对待，无比较，不可以言语形容者也。故其言曰：

道可道，非常道：名可名，非常名。（一章）

其所以不可道不可名者何？以其为无对待之大也。

天下皆谓我道大似不肖。夫唯大，故似不肖；若肖，久矣，其细也夫！（六十七章）

夫道尚不可道，名尚不可名，岂有神焉能为之创造邪？若有神能为之创造，则其大当有对待矣。有对待则有穷矣。则有穷之外复为何物？此则虽巧历不能言其数，其结果非至于无对待不止也。且神能创造物，则创造神者又谁邪？是故知宇宙之为无对待，则知无天神以创造宇宙矣。故天上无神，天亦非神，神亦非魑。

有物混成，先天地生，寂兮寥兮，独立而不改，周行而不殆，可以为天下母，吾不知其名，字之曰道，强为之名曰大。（二十五章）

然则生天地万物者非神，乃混然之物耳。

道生一，一生二，二生三，三生万物。（四十二章）

此言道生万物，换言则为：

天下万物生于有，有生于无。（四十章）

然则万物于无，既名之曰无，岂得有神邪？故生天地者非神，而天上无神。

天地所以能长且久者，以其不自生，故能长生。（七章）

夫天地不自生，则天地之非神可知。

然而老子常称“谷神不死”，又云：“神得一以灵”者，何也？曰：此《说文》所谓天神引出万物之神，谓自然引生万物耳，非鬼神之神也。故老子曰：

以道莅天下者，其鬼不神。（六十章）

此神字则假借为鬼神之神者也。鬼神之神，其本字当为魋，许氏《说文解字》犹能别之。故老子之所谓谷神亦非鬼神之神也。故曰：神亦非魋。

然则老子之于宇宙，盖主张无神论者。

教育说 老子云：

绝圣弃智，民利百倍；绝仁弃义，民复孝慈；绝巧弃利，盗贼无有。（十九章）

古之善为道者，非以明民，将以愚之；民之难治，以其智多。故以智治国，国之贼；不以智治国，国之福。（六十五章）

学者据此，遂以谓老子根本反对教育。赞成老子者以老子为救世之清凉散，而反对老子者则以老子为开倒车之专家。然老子不常云乎？

明道若昧。（四十一章）

大巧若拙。（四十五章）

然则老子之所谓“绝圣弃智”“非以明民”“将以愚之”者，亦“明道若昧”之说耳。绝巧弃利者，亦“大巧若拙”之说耳。若之云者，本明而自以为昧，本巧而自以为拙，不以此陵人，以起争端而已，非真愚真昧真拙也。民之难治，以其智多者，人人自以为智，不肯相下，则争端必起，故使若拙若愚也。然则老子非不讲教育也，然则其教育之主旨何如乎？

是以圣人处无为之事，行不言之教。（二章）

何谓不言之教？盖因个性之自然，不烦勉强，不待烦说之谓也。

善行无辙迹，善言无瑕谪。（二十七章）

此所谓善行，即无为之注解。善言即不言之注解。唯其能顺个性之自然而为教，故无不可教之人，亦犹因物之本性而为用，故无不可用之物也。故云：

是以圣人常善救人，故无弃人；常善救物，故无弃物。（二十七章）

其为教所以崇尚自然者，亦基本于其宇宙论。

人法地，地法天，天法道，道法自然。（二十五章）

政治说　老子之教，既尚自然，而为不言之教，故其政治亦尚自然，而为无为之治。

> 不言之教，无为之益，天下希及之。（四十三章）

其所谓无为者，非真无为也，为于自然，而人不知其为也。故曰：

> 为无为，则无不治。（三章）

而世之学者，乃竟以老子为无所事事，则亦浅之乎视老子矣。为既为于无为，而使人不知，则德亦德于不德，而使人不识，故曰：

> 上德不德，是以有德。（三十八章）

反之，则为德而使人知其德者，则为不德，故曰：

> 下德不失德，是以无德。（三十八章）

盖既使人知德，则必欲人报德；欲人报德，则功成而居，己身居之不足，则传之于子孙，此封建制度之基本观念也。

故老子于此，大加掊击，所以反对政府，反对封建也。

老子既法天，法自然，天地生物乃本无意志，无仁恩，而为自然之进化，故老子之于政治，亦主进化而不主法古。其言曰：

> 天地不仁，以万物为刍狗；圣人不仁，以百姓为刍狗。（五章）

此谓天地之于万物，其新陈代谢，一任其自然，而无所仁爱；圣人法之，亦任百姓之新陈代谢，不能强其法古也。刍狗者祭时之用品，庄子所谓“未陈则盛以箧衍，巾以文绣”“已陈则行者践其首脊，苏者取而爨之”者也。

以是之故，攻击旧礼教，

> 夫礼者忠信之薄，而乱之首也。（三十八章）

又攻击当时法令，

> 天下多忌讳，而民弥贫；（五十七章）
> 法令滋彰，盗贼多有。（五十七章）

又攻击当时政府，

民之饥，以其上食税之多，是以饥；民之难治，以其上之有为，是以难治；民之轻死，以其求生之厚，是以轻死。（七十五章）

此以民之穷而走险，皆当时政府驱之然也。

朝甚除，田甚芜，仓甚虚，服文彩，带利剑，厌饮食，财货有余，是谓盗竽。（五十三章）

竽，各本作夸，今从《韩非子》作竽。竽者乐之先导，此以朝为盗竽，盖以当时政府为盗贼之先导矣。

第三章　庄子

第一节　传略

《史记·老子韩非列传》云：

> 庄子者，蒙人也，名周。周尝为蒙漆园吏，与梁惠王、齐宣王同时。其学无所不窥，然其要本归于老子之言，故其著书十余万言，大抵率寓言也。作《渔父》《盗跖》《胠箧》以诋訾孔子之徒，以明老子之术，《畏累虚》《亢桑子》之属，皆空语无事实。然善书离辞，指事类情，用剽剥儒、墨，虽当世宿学，不能自解免也。其言洸洋自恣以适己，故自王公大人不能器之。楚威王闻庄周贤，使使厚币迎之，许以为相。庄周笑谓楚使曰："千金，重利；卿相，尊位也。子独不见郊祭之牺牛乎？养食之数岁，衣以文绣，以入太庙。当是之时，虽欲为孤豚，岂可得乎？子亟去，无污我。我宁游戏污渎之中自快，无为有国者所羁，终身不仕，以快吾志焉。"

庄子生卒年月，已不可考。马叙伦《庄子年表》，以谓周生于梁惠王之初年，至赵惠文之初年已八九十岁。则当在周烈王六年至周赧王十七年，当在公历前三七〇年至前二九八年之间。

第二节　书本

《汉书·艺文志》云：

《庄子》五十二篇。

陆德明云："《汉志》，《庄子》五十二篇，即司马彪、孟氏所注是也。言多诡诞，或似《山海经》，或类占梦书，故注者以意去取。其内篇众家并同。自余或有外而无杂，惟郭子玄所注特会庄生之旨，故为世所贵。"今司马、孟氏注已亡，惟郭子玄注传耳。虽分内、外、杂三篇，而书止三十三篇，亦已非旧本矣。今本三十三篇目如下：

内篇

《逍遥游》

《齐物论》

《养生主》

《人间世》

《德充符》

《大宗师》

《应帝王》

外篇

《骈拇》

《马蹄》

《胠箧》

《在宥》

《天地》

《天道》

《天运》

《刻意》

《缮性》

《秋水》

《至乐》

《达生》

《山木》

《田子方》

《知北游》

杂篇

《庚桑楚》

《徐无鬼》

《则阳》

《外物》

《寓言》

《让王》

《盗跖》

《说剑》

《渔父》

《列御寇》

《天下》

王树楠云："其书内篇即内圣之道，外篇即外王之道，所谓静而圣，动而王也。杂篇者杂述内圣外王之事，篇各为章，犹今人之杂记也。"今按此三十三篇，固不尽庄子自著，然古子多如此，不特《庄子》也。故论古子，与其必谓为某子一人之言，不如目为某子一家之言也。

今欲研究《庄子》，下列各书可供参考：

郭象《庄子注》

成玄英《庄子疏》

郭庆藩《庄子集释》

王先谦《庄子集解》

杨慎《庄子阙误》

章炳麟《庄子解故》

章炳麟《齐物论释》

陶鸿庆《读庄子札记》

顾实《庄子天下篇讲疏》

陈柱《庄子内篇学》

陈柱《庄子之老学》（此下二种见《老学八篇》）

陈柱《庄韩两家老学之比较》

陈柱《庄子通论》

武内义雄《庄子考》

第三节　学说

庄子书末有《天下篇》，或以为庄子自作，或以为不然，今莫能定其是非。然恐非庄子之博学，或深知庄子者，不能道也。其评庄子之学云：

> 芴漠无形，变化无常，死与？生与？天地并与？神明往与？芒乎何之？忽乎何适？万物毕罗，莫足以归。古之道术，有在于是者，庄周闻其风而悦之。以谬悠之说，荒唐之言，无端崖之辞，时恣纵而不傥，不以觭见之也。以天下为沉浊，不可与庄语；以卮言为曼衍，以重言为真，以寓言为广。独与天地精神往来，而不敖倪于万物，不谴是非，以与世俗处。其书虽瑰玮，而连犿无伤也；其辞虽参差，而諔诡可观。彼其充实，

不可以已。上与造物者游，而下与外死生无终始者为友。其于本也，宏大而辟，深闳而肆；其于宗也，可谓稠适而上遂矣。虽然，其应于化，而解于物也，其理不竭，其来不蜕，芒乎昧乎，未之尽者！

此评庄子之学，其最要者为“芴漠无形，变化无常，死与？生与？天地并与？”及“独与天地精神往来，上与造物者游，而下与外死生无终始者为友”数句，一言以蔽之，则与天为徒而已。与天为徒，故一切皆任天。故庄子之人生观，实可谓为任天主义，其所以然者，则基本于其宇宙论。

宇宙论　老子于宇宙以为不可名状，超出于对待，而非有神以为主宰。庄子本之，益为透切。

天其运乎？地其处乎？日月其争于所乎？孰主张是？孰纲维是？孰居无事推而行是？意者其有机缄而不得已邪？意者其运转而不能自止邪？云者为雨乎？雨者为云乎？孰居无事淫乐而劝是？风起北方，一西一东，有上彷徨，孰嘘吸是？孰居无事而披拂是？敢问其故？巫咸祒曰：天有六极五常。（《天运篇》）

此虽为疑问之辞，而其意则实以为无物以为主张，无物以为维纲，无物以为机械，无物以为运转，无物为劝，无物嘘吸，无物为披拂，而皆自然者也。故假巫咸之答曰：天有六极五常。郭象解之云：

> 夫物事之近，或知其故，然寻其原以至乎极，则无故而自尔也。

郭氏解“六极五常”，虽不甚明，然其于庄子对于天地日月风雨皆为自然所生，而非有神为之创造，则大旨不谬也。

宇宙既无神创造，则宇宙万物从何而出邪？

> 有实而无乎处者，宇也；有长而无本剽者，宙也。有乎生，有乎死，有乎出，有乎入，入出而无见其形，是谓天门。天门者，无有也。万物出乎无有。有不能以有为有，必出乎无有。而无则一无有。（《庚桑楚篇》）

此则以万物出于无有也。所谓无有者，无有为之因者也，无有为之创造者也，即自然而有也。若有创造者，则创造者又有创造者，如此上推，将无终极，则创造者卒非创造者，故曰：有不能以有为有，必出乎无有也。

生物进化论　信宇宙有创造之神者，莫不视神之于物各有厚薄，而所最厚莫如人。老子、庄子则不然，以为天地生物，一任自然，绝无意思，故老子曰：

天地不仁，以万物为刍狗。

而庄子亦云：

吾师乎！吾师乎！万物而不为戾，泽及万世而不为仁，长于上古而不为寿，覆载天地刻雕众形而不为巧。此之谓天乐。（《天道篇》）

其旨盖与老子不仁之说相同。然而万物之种类卒有不同，则又因乎天演进化之故。

种有几？得水则为继，得水土之际则为蛙蠙之衣，生于陵屯则为陵舄，陵舄得郁栖则为乌足，乌足之根为蛴螬，其叶为胡蝶，胡蝶胥也化而为虫，生于灶下，其状若脱，其名为鸲掇，鸲掇千日为鸟，其名为乾余骨，乾余骨之沫为斯弥，斯弥为食醯，颐辂生乎食醯，黄軦生乎九猷，瞀芮生乎腐蠸，羊奚比乎不箰，久竹

生青宁，青宁生程，程生马，马生人，人又反入于机。万物皆出于机，皆反于机。（《至乐篇》）

此段所言物名不能尽识，然大意谓生物之种甚多，得水则继续变化，生于水土之际者为蛙蠙之衣，生于丘陵者为陵舄之草，各因水陆之殊而为植物也异。由是植物演进而为虫，而为鸟，再经许多变化而为马，而为人。皆天演之自然进化者，其说甚合于今日之物种由来论与天演论。

然今之所谓天演者，有天择物竞之说。天择者，生物偶受天然之适合，如洪水之时，同是海中之物，而洪水忽退，其留于陆者有偶然之适合，遂能生长于陆，而不能者即因以死灭是也。物竞者，则由生物自动努力，以战胜天然，而求生存，如人类之种种制作是也。其在于人则亦可谓之人为矣。

庄子则止赞成天然，而不赞成人为。以天然为自然，以人为为不自然，故一切皆以任天为本。

齐物论　庄子既主张任天，故一切人为所起之是非成毁寿夭美恶，均当齐之于一，故其书有《齐物论》，实为庄子哲学之中坚学说。

是亦彼也，彼亦是也；彼亦一是非，此亦一是非；

果且有彼是乎哉？果且无彼是乎哉？彼是莫得其偶，谓之道枢。枢始得其环中，以应无穷。是亦一无穷，非亦一无穷也。

此《齐物论》中齐是非之说也。

其分也，成也；其成也，毁也，凡物无成与毁，复通为一。唯达者知通为一，为是不用而寓诸庸。

此《齐物论》中齐成毁之说也。

天下莫大于秋毫之末，而大山为小；莫寿于殇子，而彭祖为夭；天地与我并生，而万物与我为一。

此《齐物论》齐大小寿夭物我之说也。

民食刍豢；麋鹿食荐；蝍蛆甘带；鸱鸦耆鼠；四者孰知正味？猿猵狙以为雌；麋与鹿交；鳝与鱼游。毛嫱丽姬，人之所美也，鱼见之深入，鸟见之高飞，麋鹿见之决骤；四者孰知天下之正色哉？

此《齐物论》中齐美恶之说也。

盖庄子"与天为徒"，其视一切也均以天目视之，则宜其无不齐者矣。

政治论　庄子既任天，故对于人为之政府，人为之礼乐，极力掊击，而欲打倒礼教，以实行其无政府主义。

> 夫至德之世，同与禽兽居，族与万物并，恶乎知君子小人哉？同乎无知，其德不离；同乎无欲，是谓素朴。素朴而民性得矣。及至圣人，蹩躠为仁。踶跂为义，而天下始疑矣；澶漫为乐，摘僻为礼，而天下始分矣。（《马蹄篇》）

此欲打倒知识，打倒礼教，如泰古无政府之时，不特无君民之分，且人与万物禽兽亦皆平等也。

其对于君主政府，有时竟视同盗贼。

> 彼窃钩者诛，窃国者为诸侯，诸侯之门，而仁义存。（《胠箧篇》）

其疾之也如此。

教育说　梁启超《先秦政治思想史》谓道家自表面上

观之，似根本反对教育，然老子著五千言，庄子著三十三篇，又奚为者？故道家亦非彻底的排斥教育，故为杜撰一徽号曰：主张“愚的教育”云云。梁氏统论道家，以老子庄子混为一谈，而不知老子与庄子虽同在道家，而流派已不同也。

老子之愚民，本非愚民，不过使之若愚而已。庄子则以任天之故，而欲为天的教育，教人与天为徒。其长处在教人不以所得智识为满足。

> 吾生也有涯，而知也无涯，以有涯随无涯，殆已；已而为知者殆而已。（《养生主》）

此盖谓宇宙乃无涯之大，故知亦无涯之大。而吾人寿命有涯，比于宇宙，等于无物，则吾今日之知，又乌足以为知。而世人竟以己为真知，固执不变，以与人争，则其为知也不亦殆乎？

其对于被教者则顺其个性之自然。

> 马，蹄可以践霜雪；毛可以御风寒；龁草饮水，翘足而陆，此马之真性也。虽有义台、路寝，无所用之。及至伯乐，曰：“我善治马。”烧之剔之，刻之雒之；连之以羁絷，编之以皂栈；马之死者十二三矣；饥之

渴之，驰之骤之，整之齐之，前有橛饰之患，而后有鞭策之威，而马之死者已过半矣。陶者曰："我善治埴，圆者中规，方者中矩。"匠人曰："我善治木，曲者中钩，直者应绳。"夫埴木之性，岂欲中规矩钩绳哉？然且世世称之曰"伯乐善治马，而陶匠善治埴木"，此亦治天下者之过也。（《马蹄篇》）

此以治马、治埴、治木以喻教人治人之失其个性自然之过也。夫不伤残被教者之个性，因其自然而为教，岂不甚善。而无如庄子持之太过，竟欲打倒知识，以同于泰古，以与天为徒，则是短也。

第三编　阴阳家

第一章　阴阳家总论

第一节　原流

《汉书·艺文志》云：

> 阴阳家者流，盖出于羲和之官，敬顺昊天，历象日月星辰，敬授人时。

今考《尚书·尧典》云：

乃命羲和，钦若昊天，历象日月星辰，敬授人时。

分命羲仲，宅嵎夷，曰旸谷，寅宾出日，平秩东作，日中，星鸟，以殷仲春，厥民析，鸟兽孳尾。

申命羲叔，宅南交，平秩南讹，敬致。日永，星火，以正仲夏，厥民因，鸟兽希革。

分命和仲，宅西，曰昧谷，寅饯纳日，平秩西成，宵中，星虚，以殷仲秋，厥民夷，鸟兽毛毨。

申命和叔，宅朔方，曰幽都，平在朔易，日短，星昴，以正仲冬，厥民隩，鸟兽氄毛。

帝曰：咨汝羲暨和，期，三百六旬有六日，以闰月定四时成岁。

《尚书·尧典》载尧、舜命官，以羲和为最先，则羲和为古代最重要之官可知。顾实云：

羲和之官，详于《尧典》，仲叔四子，分宅四裔，南交则今之安南也。朔方幽都则今之黑龙江上源也。东西至日之所出入，则更远矣。本其实测而著历象，故古之阴阳家未可轻量也。(《〈汉书·艺文志〉讲疏》)

《尧典》一篇，古无疑者，近人已多疑之。此问题非此所重。今弗具论。朔方即北方，南交是否交趾，或为后代所饰言，然而要之历法之学，吾国固发明甚古。据《尚书》则羲和之所掌，不过历法，殆绝无祥之说也。

第二节　命名

阴阳之义，盖有三焉：一曰：日月阴阳，羲和之“钦若昊天，敬授民时”之义也。二曰：阴阳变化，此兵书之阴阳也。三曰：五行阴阳，此五行之术数之阴阳也。阴阳之名，涵此三义，阴阳家之变，亦生此三派。

第三节　流派

由第二节观之，阴阳家盖分三派。由第一节观之，阴阳家之始固无禨祥之说。至第二派，《艺文志》谓为兵阴阳家，其说云：

> 阴阳者，顺时而发，推刑德，随斗击，因五胜，假鬼神而为助者也。

则阴阳以五胜鬼神为用，盖涉乎禨祥矣。《数术略》

无阴阳类，然其《五行》类有：

《泰一阴阳》，

《黄帝阴阳》，

《黄帝诸子论阴阳》，

《诸王子论阴阳》，

《太元阴阳》，

《三典阴阳谈论》，

《阴阳五行时令》，

等。其说云：

五行者，五常之形气也。《书》云初一曰五行，次二曰羞用五事”，言进用五事以顺五行也。貌、言、视、听、思心失而五行之序乱，五星之变作，皆出于律历之数而分为一者也。其法亦起五德终始，推其极则无所不至。

由《汉志》观之，则五行之阴阳亦生于律历，盖亦本于羲和之言矣。然吾以谓此特学术屡变失宗之例，非阴阳家之本然也。而此等变化，则当以驺衍为枢纽。《史记·

封禅书》云：

自齐威、宣之时，驺子之徒论著终始五德之运，及秦帝而齐人奏之，故始皇采用之，而宋毋忌、正伯侨、克尚、羡门子高最后皆燕人，为方仙道，形解销化，依于鬼神之事。驺衍以阴阳主运显于诸侯，而燕、齐海上之方士传其术不能通。然则怪迂阿谀苟合之徒自此兴，不可胜数也。

然则阴阳家说五胜鬼神迂怪之事，盖自驺衍始矣。

虽然，吾观《史记·孟荀列传》云：

驺衍睹有国者益淫侈，不能尚德，若《大雅》整之于身，施及黎庶矣。乃深观阴阳消息，而作怪迂之变，《终始》《大圣》之篇，十余万言。其语闳大不经，必先验小物，推而大之，至于无垠；先序今以上至黄帝，学者所共术，大并世盛衰，因载其机祥度制，推而远之，至天地未生，窈冥不可考而原也。先列中国名山大川、通谷禽兽，水土所殖，物类所珍，因而推之，及海外人之所不能睹，称引天地剖判以来，五德转移，治各有宜，而符应若兹，以为儒者所谓中国者，于天下乃八十一分居其一分耳。中国名曰赤县神州，赤县神州内自有九州，禹之序九州是也，不得为州数；中国外如赤县神州者九，乃所谓九州也。于是有裨海环之，人民禽兽莫能相通者，如一区中者，乃为一州。如此者九，乃有大瀛海环其外，天地之际焉。其术皆此类，然要其归，必止乎仁义节俭，君臣上下六亲之施，始也滥耳。

《史记》此文，明驺衍之学术有四：

一、其说欲救“有国者益淫侈”而发，其归必止于仁义节俭君臣上下六亲之施，足见驺衍为学之宗旨。

二、驺衍之学始于归纳法，验之于小物，得其同然，然后用演绎法以推他物，故曰“必先验小物，推而大之，至于无垠”，足见驺衍治学之方法。

三、先序“今以上至黄帝”“至天未生”，此明驺衍应用其治学之方法以说古史。

四、“先列中国名山大川”“因而推之。及海外人之所不能睹”“赤县神州内自九州，不得为州数，中国外如赤县神州者九”，此明驺衍应用其治学之方法以说地理。

由以上四者观之，则驺衍之宗旨，固非怪迂阿谀者比，而其学则先重实验而后演绎，则其先盖与科学方法相近，与阴阳主运神仙方士之说当绝不同，疑《封禅书》之所云云，乃汉人所假托，非驺衍之本真也。故太史公《封禅书》虽言驺衍以阴阳主运显于诸侯，而特著云“自齐威、宣时，驺子之徒，论著终始五德之运”，于“驺子”之下，加以“之徒”二字，则似亦不以为驺衍之本真也。《孟荀列传》所云“称引天地剖判以来，五德转移，治各有宜，而符应若兹”，二十一字，疑为后人所妄加。原文当为：

> 先列中国名山大川、通谷禽兽，水土所殖，物类所珍，因而推之，及海外人之所不能睹。以为儒者所谓中国者，于天下乃八十一分居其一耳。……

其文一意直下，皆言地理之事，今本《史记》于中间乃忽言五德符瑞，实不伦不类，前无所承，后无所继，附加之迹，显而易见。然则阴阳家之流为鬼神怪迂，固不得谓为驺衍始矣。彼驺衍者其阴阳家正宗乎？历数之学，虽为阴阳家之始，而不足以尽阴阳家也。

然则阴阳家，与兵阴阳、五行阴阳之异者可知矣。何也？盖阴阳家为哲学家，而兵阴阳、五行阴阳，则不过一技一艺，不足以言哲学也。彼鬼神怪迂之说，则所谓一技一艺者也。

第四节　评议

《汉书·艺文志》云：

> 阴阳家者流，盖出于羲和之官，敬顺昊天，历象日月星辰，敬授民时，此其所长也。及拘者为之，则牵于禁忌，泥于小数，舍人事而任鬼。

盖拘者一派，已失阴阳家之真面目矣。

司马谈《论六家要指》云：

> 尝窃观阴阳之术，大祥而众忌讳，使人拘而多畏，然其序四时之大顺，不可失也。
>
> 夫阴阳四时、八位、十二度、二十四节各有教令，顺之者昌，逆之者不死则亡，未必然也。故曰“使人拘而多畏”。夫春生夏长，秋收冬藏，此天道之大经也，弗顺则无为天下纲纪，故曰“四时之大顺，不可失也”。

司马所评，善者不过历数之阴阳，其短者则鬼神怪迂之阴阳，班氏所谓拘者也。要之，司马、刘、班于驺衍之学有哲学之价值者，概乎其未之有闻也。

第五节　家数

《汉书·艺文志》所载周、秦阴阳家如下：

《宋司星子韦》三篇。

亡。马国翰有辑本。

《公梼生终始》十四篇。（传邹奭《始终书》。）

亡。

《公孙发》二十二篇。（六国人。）

亡。

《邹子》四十九篇。（名衍，齐人，为燕昭王师，居稷下，号谈天衍。）

《邹子始终》五十六篇。

亡。

《乘丘子》五篇。（六国时。）

亡。

《杜文公》五篇。（六国时。）

亡。

《黄帝泰素》二十篇。（韩诸公子所作。）

亡。

《南公》三十一篇。（六国时。）

亡。

《容成子》十四篇。

亡。朱一新云：疑于六国时人作。

《邹奭子》十二篇。（齐人，号曰雕龙奭。）

亡。

《闾丘子》十三篇。（名快，魏人，在南公前。）

亡。

《冯促》十三篇。

亡。

《将钜子》五篇，（六国时。先南公，南公称之。）

亡。

《周伯》十一篇。（齐人，六国时。）

亡。

共十五家。

第四编　法家

第一章　法家总论

第一节　本原

《汉书·艺文志》云：

法家者流，盖出于理官，信赏必罚，以辅礼制。

此言法家之远源也。理字从玉里声，里从士声，故理官于古为士，《尚书·舜典》云：

帝曰："皋陶，蛮夷猾夏，寇贼奸宄，汝作士，五刑有服，五服三就，五流有宅，五宅三居，惟明克允。

此命皋陶制法之说也。然《皋陶谟》载皋陶云：

天叙有典，勅我五典五惇哉！天秩有礼，自我五礼有庸哉！同寅协恭，和衷哉！天命有德，五服五章哉！天讨有罪，五刑五用哉！

斯则皋陶盖甚明于礼者，以明礼者为士，则《汉志》谓法以辅礼者为不诬也。

且吾尝考"法"字之义矣，《说文》廌部云：

灋，刑也，平之如水，从水，廌所以触不直者去之，从廌去。法今文省，佱古文。

胡适《中国哲学史大纲》谓古时有两法字，一为佱，是模范之法；二是灋，是刑罚之法，其说是也。考佱字从亼从正，亼即合之古文，字从亼正，谓合于正者也，是即模范之义。就器而论，则为铸器之型法；就人事而论，则为行事之礼法。一言以蔽之，则凡以之为标准法度者皆佱也。及其佱既不足以为标准法度，于是乃以灋济之。《易·蒙卦》云：

初六，发蒙，利用刑人，用说桎梏。象曰：利用刑人。以正法也。

此刑字，世之学者多误解为刑杀之刑，当从沈起元说，作“仪刑文王”之刑，然则正法之法，古字当作佱。说，古脱字。然则初六爻辞谓发蒙者，当善用可以仪刑之人，以脱其桎梏之苦，谓使其可以免于恶，而避于刑也。《噬嗑之象》曰：

先王以明罚勅法。

此法字乃灋之本义也。夫佱所以使合于正也，而不正者则必去之，则灋生矣。于是后世乃合而为一，而法字乃含有数义矣。《尹文子》云：

法有四呈：一曰不变之法；君臣上下是也。二曰齐俗之法，能鄙同异者是也。三曰治众之法，庆赏刑罚是也。四曰平准之法，律度权衡是也。（《尹文子》

是伪书，然所分甚明析，故引之。）

此四法：第一不变之法，是定名分之法；第二能鄙，即能不，古鄙不同音，能不犹言能否，当指考核之法；第三为赏罚之法；第四为标准之法。第一、第二、第四三种之法，皆佱字之义，皆所谓合于正也。第三种之法，则灋字之义，合于正者存之，不合于正者去之也。此四者皆法家之所谓法也。而儒家所谓礼仪之法，则非法家之所重矣。

简括言之：法家盖起于礼，正犹学校之内，先有种种应守之规则，而后乃有赏罚之规则也。礼不足治，而后有法，礼流而为法，故礼家流为法家，故荀卿之门人李斯、韩非皆流而为法家也。

第二节　命名

法家之名，实该上文所引《尹文子》四呈之义。然而后人则止知其为刑罚之义而已。然法家之要实以刑罚之权为执要。彼盖欲以刑罚合于权衡等无知之法，以为标准，而明君臣上下之分，使其权常操于君上，而不下坠者也。其所以能行此者，则又贵夫有齐俗考核之法，以明能其能鄙异同焉。此法家之事也。

法家之言法也，浑言之，则刑在其内；分言之，则刑与法异。《韩非子·有度篇》云：

> 国无常强，无常弱；奉法者强，则国强；奉法者弱，则国弱。

此混而言之者也。又云：

> 故矫上之失，诘下之邪，治乱决缪，绌羡齐非，一民之轨，莫如法；属官威民，退淫殆，止诈伪，莫如刑。

此分而言之者也。然此所谓法，则刑之外实该《尹文子》所谓第一与第二第四之义焉。

第三节 流派

法家之流派。盖可分为：

一、尚实派，

二、尚法派，

三、尚术派，

四、尚势派，

五、大成派。

第一派尚实派为尚实业，如李悝、商君是也。《管子》书，《艺文志》载于道家，《七略》载于法家，其在法家则亦实业派也。何也？盖李悝尽地力之教，（见《汉书·食货志》）而商君重农战之法，管仲兴鱼盐之利也。第二派尚法派，为商鞅。第三派尚术派，为申不害。《韩非子·定法篇》云：申不害言术，而公孙鞅为法，然则法与术两派，固不同也。其别为何？《韩非子·定法篇》说之，曰：

> 术者，因任以授官，循名而责实，操杀生之柄，课群臣之能者也。此人主之所执也。
>
> 法者，宪令著于官府，刑罚必于民心，赏存乎慎法，而罚加乎奸令者也。此臣之所师也。

此法与术之异也。而梁启超《先秦政治思想史》论法家，以术家为专尚秘密则误矣。第四派尚势派，则慎子是也。《韩非子·难势篇》载慎子之言曰：

> 飞龙乘云，腾蛇游雾。云罢雾霁，而龙蛇与螾螘同矣，则失其所乘也。贤人而诎于不肖者，则权轻位

卑也；不肖而能服于贤者，则权重位尊也。尧为匹夫，不能治三人；而桀为天子，能乱天下。吾以此知势位之足恃，而贤智之不足慕也。夫弩弱而矢高者，激于风也；身不肖而令行者，得助于众也。尧教于隶属，而民不听，至于南面而王天下，令则行，禁则止。由此观之，贤智未足以服众，而势位足以诎贤者也。（诎各本作缶，据俞樾说改正。）

然则慎子之为尚势派盖可知矣。

至于韩非实业诸派之大成。何以言之？韩非极注重功利，实受李悝、商鞅之影响，其对于申子之有术而无法，商鞅之有法而无术，均深致不满，以为二者不可偏废也。其对于势，虽无慎子之重视，亦不如儒者之轻蔑，然则谓集法家之大成，又岂过乎？

第四节　评议

《汉书·艺文志》云：

法家者流，盖出于理官，信赏必罚，以辅礼制。《易》曰："先王以明罚饬法。"此则所长也。及刻者为之，则无教化，去仁爱，专任刑法，而欲以致治。至于残害至亲，伤恩薄厚。

此论法家之所长与其末流之失也。然自商君以降，皆不免为刻者矣。

司马谈《论六家要旨》云：

> 法家严而少恩，然其正君臣上下之分，不可改矣。
>
> 法家不别亲疏，不殊贵贱，一断于法，则亲亲尊尊之恩绝矣。可以行一时之计，而不可长用也。故曰“严而少恩”。若尊主卑臣，明职分不相逾越，虽百家弗能改也。

由司马谈之说观之，所谓正君臣上下之分，明职分不相逾越，则尹文子所举法之第一义也。其谓不别亲疏，不殊贵贱，一断于法，则尹文子所举第三与第四之法之义也。其云：“可以一时之计而不可长用”，以论其刻处则可，以论其“一断于法”，则不可也。

第五节　家数

《汉书·艺文志》所列周、秦法家如下：

《李子》三十二篇。(名悝，相魏文侯，富国强兵。)

亡。顾实云：儒家《李克》七篇，兵权谋家《李子》十篇，盖俱非同书。《食货志》言“李悝为魏文侯作尽地力之教”，与《史记·货殖传》言“当魏文侯时，李克务尽地力”正合。故知克、悝一人，而此其法家言也。盖自著之书。《晋书·刑法志》言悝撰次诸国法，著《法经》六篇。商鞅受之以相秦。孙星衍谓即《汉志》之《李子》三十二篇，似失之。黄奭有辑本。

《商君》二十九篇。（名鞅，姬姓，卫后也，相秦孝公。）

残。顾实云：兵权谋家《公孙鞅》二十篇，盖非同书。商君以《法经》六篇入秦，而燔诗书。《韩非子》曰：“藏管商之法者，家有之。”（《五蠹篇》）盖《商君书》与《管子》同，亦出传学者之手。《更法篇》首句即称孝公之谥，又《来民篇》曰：“今三晋不胜秦，四世矣。自魏襄王以来，野战不胜，守城必拔。”《弱民篇》曰：“秦师至鄢郢，举若振槁，唐蔑死于垂涉，庄跻发于内楚。”此皆秦昭王时事，非商君所及见也。晁公武曰：“二十九篇，今亡三篇。”严万里曰：“今二十六篇又亡其二，实二十四篇。”考所谓三亡篇者，《群书治要》载商鞅《六法篇》，余不可考。所谓又亡其二者，《刑约》第十六，及无目之第二十一两篇也。近人校注者，有王时润《商君书斠诠》，朱师辙《商君书解诂》。

《申子》六篇。（名不害，京人，相韩昭侯，终其身诸侯不敢侵韩。）

残。顾实云：《淮南子》曰“今商鞅之《启塞》，申子之《三符》，韩非之《孤愤》”，是申子有《三符篇》也。《史记》曰：“申子之学本于黄、老而主刑名，著书二篇，号曰《申子》。”《别录》曰：“申子学号曰刑名者，循名以责实，其尊君卑臣，崇上抑下，合于六经也。今民间所有上下二篇，中书六篇，皆合。二篇已备，过太史公所记。”《七略》曰：“孝宣皇帝重申不害《君臣篇》。”《七录》曰：“《申子》二卷。”《隋志》注：“梁有三卷，亡。”新旧《唐志》仍三卷，《通志》《通考》无。则亡于南宋矣。今仅《群书治要》载《大体篇》，盖亦不完。凡六篇目，《三符》《君臣》《大体》三篇目可征而已。马国翰有辑本，未尽。王时润有辑佚文。

陈直云：《申子》六篇，原书已佚。马氏玉函山房辑本尚称完善。《史记·六国表》申子以韩昭侯八年为相，二十二年卒，与《本传》云“相韩十五年，终申子之身，诸侯无侵韩”者正合。《战国策》云：“魏晋之围邯郸也，申不害始合于韩王。”《六国表》魏围赵邯郸，在昭侯之五年。据此申子五年干韩，八年始为相也。书中已称韩昭侯，当为列国法家所附益。

《慎子》四十二篇。（名到，先申、韩，申、韩称之。）

残。司马迁曰：“慎到，赵人，学黄老道德之术，故著十二论。”杨倞曰：“慎到本黄老之术，明不尚贤，不使能之道。”王应麟曰：“《汉志》四十二篇，今三十七篇亡。惟有《威德》《因循》《民杂》《德立》《思人》五篇，滕辅注。”沈钦韩曰：“今五篇亦非完篇矣。”严可均曰："《隋志》、旧新《唐书》皆十卷，滕辅注，《崇文总目》三十七篇，《书录解题》称麻沙刻本才五篇，余所见明刻本亦皆五篇，今从《群书治要》写出七篇，有注，即滕辅注。其多出之篇，曰《知忠》，曰《君臣》。其《威德篇》多出二百五十三字。虽亦节本，视陈振孙所见本为胜。《艺文类聚》六十有汉滕辅《祭牙文》，《隋志·梁》有晋太学博士滕辅集。《慎子》注为汉为晋，未敢定之。"顾实云：钱希祚亦有校本，附辑佚文。

《韩非子》五十五篇。（名非，韩诸公子，使秦，李斯害而杀之。）

存。详后。

以上共五家。

第二章　韩非子

第一节　传略

《史记·韩非列传》云：

韩非者，韩之诸公子也，喜刑名法术之学，而其归本于黄、老。非为人，口吃，不能道说，而善著书，与李斯俱事荀卿，斯自以为不如非。非见韩之削弱，数以书谏韩王，韩王不能用。于是韩非疾治国不务修明其法制，执势以御其臣下，富国强兵，而以求人任贤，反举浮淫之蠹而加之于功实之上；以为儒者用文以乱法，而侠者以武犯禁；宽则宠名誉之人，急则用介胄之士；今者所养非所用，所用非所养，悲廉直不容于邪枉之臣；观往者得失之变，故作《孤愤》《五蠹》《内外储》《说林》《说难》十余万言。然韩非知说之难，为《说难》，书甚具，终死于秦不能自脱。……人或传其书至秦，秦王见《孤愤》《五蠹》之书，曰：

> 嗟乎！寡人得见此人，与之游，死不恨矣！李斯曰："此韩非之所著书也。"秦因急攻韩，韩王始不用非，及急，乃遣非使秦。秦王悦之，未信用。李斯姚贾害之，毁之曰："韩非，韩之诸公子也，今王欲并诸侯，非终为韩不为秦，此人之情也。今王不用，久留而归之，此自遗患也，不如以过法诛之。"秦王以为然，下吏治非，李斯使人遗非药，使自杀。韩非欲自陈，不得见。秦王后悔之，使人赦之，非已死矣。

韩非生年已不可考，其死年约在公历前二三三年。

第二节　书本

《汉书·艺文志》云：

> 《韩子》五十五篇。

顾实云：司马迁曰"韩非喜刑名法术之学，而其归本于黄、老，作《孤愤》《五蠹》《内外储》《说林》《说难》十余万言"，人或传其书至秦，秦王见《孤愤》《五蠹》之书。然又曰"韩非囚秦，《说难》《孤愤》"，则似非之书作入秦之后，盖当以前说为胜也。王应麟曰："非书有《存韩》篇，故李斯言非终为韩不为秦也。后人误以范睢书厕于其书之间，乃有举韩之论。《通鉴》谓非欲覆宗国，则非也。"然亦非范睢书，乃张仪说秦书，第一篇《初见秦》，是也。误冠非书之首，则非书久已不完欤？

今《韩非子》五十五篇目如下：

《初见秦》第一

《存韩》第二

《难言》第三

《爱臣》第四

《主道》第五

《有度》第六

《二柄》第七

《扬权》第八

《八奸》第九

《十过》第十

《孤愤》第十一

《说难》第十二

《和氏》第十三

《奸劫弑臣》第十四

《亡征》第十五

《三守》第十六

《备内》第十七

《南面》第十八

《饰邪》第十九

《解老》第二十

《喻老》第二十一

《说林上》第二十二

《说林下》第二十三

《观行》第二十四

《安危》第二十五

《守道》第二十六

《用人》第二十七

《功名》第二十八

《大体》第二十九

《内储说上七术》第三十

《内储说下六征》第三十一

《外储说左上》第三十二

《外储说左下》第三十三

《外储说右上》第三十四

《外储说右下》第三十五

《难一》第三十六

《难二》第三十七

《难三》第三十八

《难四》第三十九

《难势》第四十

《问辩》第四十一

《问田》第四十二

《定法》第四十三

《说疑》第四十四

《诡使》第四十五

《六反》第四十六

《八说》第四十七

《八经》第四十八

《五蠹》第四十九

《显学》第五十

《忠孝》第五十一

《人主》第五十二

《饬令》第五十三

《心度》第五十四

《制分》第五十五

今欲研究《韩非子》，下列各书可供参考：

顾千里《校韩非子》

陈柱《韩非子札记》

松泽圆《韩非子纂闻》

太田方《韩非子翼毳》

冈本保孝《韩非子疏证》

依田利用《韩非子刊注》

第三节　学说

总论　韩非之学，最为博杂，其与李斯同事荀卿，斯自以为不如非，则非之学其先本于儒家；又所著书有《解老》《喻老》，则其学又本于道家；而卒乃入于法家。今人刘咸炘著《子疏》论韩非学问之变，颇为有见。其言曰：

非之术盖多变矣。初学于荀卿，必不如是也。观《外储》引孔子盂圆水圆之说，是荀卿所述，（《君道》）而非闻之者也。乃以孔为不知，其背师明矣。继而学于黄老，故书常称引道家郑长者说，（《外储说右》）《解老》一篇，义颇纯正，与后世误解而诋老者大殊，虽亦有浅陋误解，固不害也。其言宁有与其所谓法术相合者邪？此其所学而非所执也。又继乃为管、慎、申之说，故《主道》二篇，纯为申义，《观行》以下诸篇，杂慎、申之说，其说皆与其后之说相反，如《安危》言有信无诈，而《外储说左下》则言恃势恃术而不恃信矣。《难三篇》驳管子赏罚信于所见，不求所不见之说，以为好说在所见，则群下必饰奸罔君矣。《用人篇》详申子治不逾官之说，《难三篇》亦申之，而《定法篇》则谓治不逾官为非矣。是皆后益深刻之之验也。且不独于前人之说也。《内储说》戒两用，而《难一篇》则言有术不患两用；《难四篇》皆自难而自驳，则其自为之说亦驳之矣。大氐其初杂申、慎语，尚有纯者，如《功名篇》称尧舜，《有度篇》言先王，皆管、慎、申之所同；其后之自为说者，大氐宗商而兼慎，用申之术而去其无为自然法之说，纯为严刑立法密术察奸矣。极诋私行私意，以尊公功，尊主威，则商鞅之本旨也。故韩非子之于商极近，而于申稍远焉。

此文论韩非学术之变，颇足以窥见韩非学术之真。且一人之学，随时而变，故一书往往有矛盾之说。后之学者，见其矛盾，遂决为他人之作，斯实不能无谬也。

政治说 法家有五派：一为尚实派，如李悝、商鞅是；二为尚法派，如商鞅是；三为尚术派，如申不害是；四为尚势派，如慎到是；五为大成派，如韩非是。盖所谓大成者，集以上诸法家之大成也。今试略述之：

1. 尚实 此韩非受实业派之影响也。《显学篇》云：

> 今有人于此，义不入危城，不处军旅，不以天下大利易其胫一毛，世主必从而礼之，贵其智而高其行，以为轻物重生之士也。夫上所陈良田大宅，设爵录，所以易民死命也。今上尊贵轻物重生之士，而索民之出死而重殉上事，不可得也。藏书策，习谈论，聚徒役，服文学，尚议说，世主必从而礼之，曰：敬贤士，先王之道也。夫吏之所税，耕者也；而上之所养，学士也。耕者则重税，学士则多赏，索民之疾作而少言谈，不可得也。

然则韩非所重，盖在于轻死而尚功，疾作而力耕之人可知。

2. 尚法 此为韩非学术之中坚，受商鞅之影响至深。

3. 尚术 此盖受申不害之影响，《定法篇》云：

> 问者曰:“申不害,公孙鞅,此二家之言孰急于国?”应之曰：是不可程也。人不食十日则必死，大寒之隆不衣亦死，谓之衣食孰急于人，则是不可一无也。皆养生之具也。今申不害言术，而公孙鞅为法，术者因任以受官,循名而责实,操杀生之柄,课群臣之能者也。此人主之所执也。法者宪令著于官府，刑罚必于民心，赏存乎慎法，而罚加乎奸令者也。此臣之所师也。君无术则弊于上，臣无法则乱于下，此不可一无，皆帝王之具也。

然则韩非之于法与术，盖主张并用而不可偏废者也。故于申子之有术无法,与商君之有法无术,两者交讥焉。《定法篇》又云：

> 问者曰：“徒术而无法，徒法而无术，其不可何哉?”对曰：申不害，韩昭侯之佐也。韩者，晋之别国也,晋之故法未息,而韩之新法又生;先君之令未收,而后君之令又下；申不害不擅其法，不一其宪令，则奸多。故利在故法前令则道之，利在新法后令则道之，故新相反，前后相悖，则申不害虽十使昭侯用术，而奸臣犹有所谲其辞矣。故托万乘之劲韩，七十年而不

至于霸王者，虽用术于上，法不勤饰于官之患也。公孙鞅之治秦也，设告相坐而责其实，连什伍而同其罪，赏厚而信，刑重而必。是以其民用力劳而不休，逐敌危而不却。故其国富而兵强。然而无术以知奸，则以其富强也资人臣而已矣。及孝公、商君死，惠王即位，秦法未败也，而张仪以秦殉韩、魏。惠王死，武王即位，甘茂以秦殉周。武王死，昭襄王即位，穰侯越韩、魏而东攻齐，五年而秦不益一尺之地，乃成其陶邑之封。应侯攻韩八年，成其汝南之封。自是以来，诸侯用秦者皆应、穰之类也。故战胜则大臣尊，益地则私封立，主无术以知奸也。商君虽十饰其法，人臣反用其资。故乘强秦之资，数十年而不至于帝王者，法不勤饰于官，主无术于上之患也。

其对于执一废一者之反对如此。且韩非又不以申子之术为足以尽术，商君之法为足以尽法也。《定法篇》又曰：

问者曰："主用申子之术，官行商君之法，可乎？"对曰：申子未尽于术，商君未尽于法也。（据顾广圻校本）申子言治不逾官，虽知弗言。治不逾官，谓之守职也可。知而弗言，是谓过也。人主以一国目视，故视莫明焉；

以一国耳听，故听莫聪焉。今知而弗言，则人主尚安假借矣？商君之法曰：斩一首者爵一级，欲为官者为五十石之官：斩二首者爵二级，欲为官者为百石之官。官爵之迁与斩首之功相称也。今有法曰：斩首者令为医匠，则屋不成而病不已。夫匠者，手巧也；而医者，齐药也。而以斩首之功为之，则不当其能。今治官者，智能也。今斩首者，勇力之所加也。以勇力之所加，而治智能之官，是以斩首之功为医匠也。故曰：二子之于法术，皆未尽善也。

其以申、商于术与法为未尽善也如此。

4. 尚势　此韩非受慎子之影响者也。《难势篇》首言慎子言势之要，次设客以难之，末则以己意申明慎子之说而益之以法。其言曰：

夫贤势之不相容亦明矣。且夫尧、舜、桀、纣，千世而一出，非（原作是，校改。）比肩随踵而生也。世之治者，不绝于中，吾所以为言势者中也。中者上不及尧、舜，而下亦不为桀、纣。抱法处势则治，背法去势则乱。今废势背法而待尧舜，尧舜至乃治，是千世乱而一治也。抱法处势而待桀、纣，桀、纣至乃乱，是千世治而一乱也。……夫弃檃栝之法，去度量之数，使奚仲为车，不能成一轮；无庆赏之劝，刑罚之威，释势委法，尧、舜户说而人辩之，不能治三家。夫势之足用亦明矣。

韩非之尚势如此。然则韩非者，固集法家诸派之大成者也。而梁启超《先秦政治思想史》论法家，竟谓术为阴谋操纵，而置韩非所谓“术者因任以授官，循名以责实”之说于不顾，而引韩非《有度篇》“奉公法，废私术”之语，以为韩非反对术治之证。而不知韩非所废者私术，而所用者公术也。梁氏又谓韩非反对势治，引《难势篇》为证。夫《难势篇》分三大段，前已言之矣。第一段引慎子论势之说，第二段设客难慎子之说，第三段为韩非驳客难而申明慎子之说。段落最为明白，而梁氏《先秦政治思想史》乃以客难为韩非之言，连第二段与第三段为一段，即合两家反对之论以为一人之言，而不知其矛盾不通。梁氏读书之草率，于此可见，其大谬乃至于此。

韩非虽集诸派之大成，而实以法为中坚，彼其学本于老子，老子曰：

上德无为而无不为。（《韩非子·解老篇》所引，与今本《老子》不同。)

此老子最重要之教义也。老子以谓为于自然，则人莫知其为，故曰无为。既为于自然，民咸乐之，故为无不成，故曰无不为。韩非得之，则以一切纳之于法，为无为而无不为矣。

韩非之于法，重必，重严，重一。《五蠹篇》云：

故十仞之城，楼季不能逾者，峭也；千仞之山，跛牂易牧者，夷也。故明王峭其法而严其刑也。布帛寻常，庸人弗释；铄金百溢，盗跖不掇。不必害，则不释寻常，必害手则不掇百溢。故明主必其诛也。是以赏莫如厚而信，使民利之；罚莫如重而必，使民畏之；法莫如一而固，使民知之。

此所谓赏罚刑法，虽分别言之，实则统纳于法之内者也。盖韩非生于战国之世，法律不公，刑罚不中，故矫当时之弊而专尚法治焉。

反教说 韩非既崇尚法治，其心目中则唯有法字而已。其对于教育可谓极端反对。《显学篇》云：

夫圣人之治国，不恃人之为吾善也，而用其不得为非也。恃人之为吾善也，境内不什数；用人不得为非，一国可使齐。

其意盖欲以法禁人之为非，而反对教育之教人为善。所以然者，则能为善者少，而为非者多也。彼以为多者乃必然之事，少为适然之事。故又曰：

故有术之君，不随适然之善，而行必然之道。今或谓人曰："使子必智而寿。"则世必以为狂。夫智，性也；寿，命也，性命者非所学于人也。而人之所不能为，说人；此世之所以谓之为狂也。……以仁义教人，是以智与寿说人也。（《显学篇》）

彼以教人之善为等教人之寿，则其反对教育也固宜。虽然，教人之善，岂真如教人之寿乎？且寿亦有可以人力增加者，况为善乎？其《五蠹篇》又云：

今有不才子，父母怒之弗为改；乡人谯之弗为动；师长教之弗为变。夫以父母之爱，乡人之行，师长之智，三美加焉，而终不动，其胫毛不改；州部之吏，操官兵，推公法，而求索奸人，然后恐惧，变其节，易其行矣。故父母之爱不足以教子，必待州部之严刑者，民固骄于爱，听于威矣。

然则韩非子者。盖只见不才之子，而不见夫才之子者也。彼盖以天下人尽为不才者也。虽然，彼又只见州部之吏操官兵，推公法，而求索奸人，然后变节易行者，而不见夫其不变易者也。韩非又云：

且民者固服于世，寡能怀于义。仲尼，天下圣人也，修行明道以游海内，海内说其仁，美其义，而为服役者七十人，盖贵仁者寡，能义者难也。故以天下之大，而为服役者七十人，而仁义者一人。鲁哀公，下主也，南面君国，境内之民。莫敢不臣。（《五蠹篇》）

盖韩非者徒见孔子之为匹夫，而不知倘孔子南面而君鲁，将可以王天下也；徒知鲁公南面君鲁之能臣其境内之民，而不知倘鲁公生而为匹夫，将饿死于沟壑也。其说亦可谓蔽之甚者矣。虽然，韩非者，盖亦有所矫者也。其言曰：

> 今境内之民，皆言治，藏商、管之法者家有之，而国愈贫，言耕者众，执耒者寡也。境内皆言兵，藏孙、吴之书者家有之，而兵愈弱，言战者多，被甲者少也。故明主用其力，不听其言；赏其功，必禁无用。（《五蠹篇》）

盖目睹当世游说空谈者之误国，故欲一切矫之也。然去空谈，是也；而并教育亦弃之，岂知执耒被甲，亦非生而知之。必将有待于教者邪？且吾不知韩非之著书，又何为者也？

第五编　名家

第一章　名家总论

第一节　本原

《汉书·艺文志》云：

> 名家者流，盖出于礼官，古者名位不同，礼亦异数。

此言名家之远源也，名家起于礼官，而法家起于理官，“信赏必罚，以辅礼制”。礼与法相近，故名、法两家亦多相混。名、礼、法三者在古时盖关系甚重。《论语》子路问孔子曰：“卫君待子而为政，子将奚先？”子曰："必也正名乎？名不正，则言不顺；言不顺，则事不成；事不成，则礼乐不兴；礼乐不兴，则刑罚不中；刑罚不中，则民无所措手足。"然则名、礼、法三者之关系可以明矣。盖其始之正名，本以正礼法，孔子之所言是也。其后则由礼法而及于学术，至于墨子，因倡兼爱，而欲以其说胜天下，著《墨经》上下篇，而名学遂成为专门学术。诸子之学，遂皆受名学之影响。然儒家如荀子，犹注重于礼。《正名篇》云：

> 故知者为之分别制名之指实，上以明贵贱，下以辨同异。贵贱明，同异别，如是志无不喻之患，事无因废之祸，此所为有名也。

此所谓明贵贱，即关于礼者；辨同异，则关于学术者也。此盖可见名与礼之关系，而名家之出于礼官，为不诬也。

孔子重礼，故重名；老子居礼之反，故薄礼而尚无名；墨子虽反古之礼乐，而自有尚同兼爱之法，故亦重名；均可以见名与礼关系之深。尔后百家之学，殆皆不能外此矣。张采田云：

> 名家之学，百家莫不兼治之。荀子有《正名篇》

矣，则儒家之有名也；墨子有《辨经》及《大取》《小取》矣，则墨家之有名也；韩非子尝言刑名参同矣，则法家有名也；《吕氏春秋》亦有《正名篇》矣，则杂家之有名也。（《史微·原名篇》）

观此可见诸子殆无不通名学者。

第二节　命名

《说文》口部云：

名，自命也，从口夕。夕者冥也，冥不相见，故以口自名。

然则浅言之，在夜间幽暗时，他人不能见，以口自名，使知己在，故谓之名；引而申之，天下万物，其始无名，无所别识，亦如人处幽暗也；有聪明特出者，为之制名焉，名定而万物以分，循名以责实，而万物乃藉以不乱，故曰：无名天地之始，有名万物之母也。有名而后万物可得而分，虽不谓之万物之母，得乎？

今人王瑄云：

> 名定而人共守之，塞乎宇宙，无无名者，范围广矣。是故名之分类，在逻辑学中为量甚繁。吾国往古论名之士，亦或区为数科。如《墨经》之“达名”“类名”“私名”，尹文之“命物之名”“毁誉之名”“况谓之名”，此就广义分之也。荀卿以“刑名从商，爵名从周，文名从礼，散名之加于万物者，则从诸夏之成俗曲期”，此其定义较前为专。礼官所掌，乃上述四名之一端，国家五礼节文之名，所谓“文名”是也。名家致力，类在“散名”。“散名”为名之散在人间者，随俗制定，易致淆乱，因以施其正之之术，与礼官并不同类。前为文名，后为散名，含诸名之全量，并派分流，其位相埒，更无所谓官守传业之先后也。（《公孙龙子悬解叙录》）

此说名家所称名字之函义是也。然而遂以谓名与礼并列，名不出礼，谓刘、班“名家者流盖出于礼官”之说为诬，则非也。今再引王说以证之。

> 名家既以正名为事矣。以吾所见：初则但如孔子“名不正则言不顺”，指陈正名与政治社会之利害关系，椎轮大辂，动机尚微；并未以此专其所学，更无

谓名家之说也。迨后道家诸子，若杨庄一流，煽老氏无名之学风，以名伪无实，是非齐一，词锋犀利，转相诘难。正名者流，乃思为自卫之策。更以向论单纯，壁垒未坚；对于自身，进而讨论正名之工具；对于他宗，转而研求辩证之方法；相激相荡，蔚成宗风。此时代著述，可以《尹文子•大道上篇》，《公孙龙子•名实论》，《荀子•正名篇》等代表之。而《墨经》一书，尤为圭臬。惟当时诸子之言正名，有兼有专。兼者为管子、韩非，以法家谈名；荀子以儒家谈名；墨子以墨家谈名；尸子、吕子以杂家谈名。在其学说全部，只占一域，或为所标主义之一种基念；或以论旨旁衍，与名相通；总之踳而不纯，虽曾论名而不为专家。后之史官仍就其学术宗旨之大者正者属于何派，谓为法家，或儒家、墨家、杂家，以明其宗而昭其实，初不谓之名家也。专者为施、龙诸子，其学说全部，特重于名，贯澈初终，成一家之言。源虽他出，帜坛顿异。故尹文当时即有名、法、儒、墨之分号，用别他宗。太史公谈乃更为“名家”一词，引纳其人。中垒父子沿之。孟坚《汉书》因以入志。此名家一义成立之源，而公孙所以由墨归名也。（《公孙龙子悬解叙录》）

此论名家命名之所由甚允。然即其说而言之，由孔子之正名，激而为道家之反名。正名之流，遂进而为尹文、公孙之名学。然则谓名家者流，出于孔子所谓之正名，无不可者也。然孔子固尝云：“名不正……则礼乐不兴，”其正名在于礼可知。正王君所谓指陈正名与政治社会之利害，椎轮大辂，动机尚微也。然动机虽微，宁可谓椎轮非大辂之始？则谓礼官为名家之祖，奚不可者？世之学者，反对刘、班“某家者盖出于某官”之说，盖见两者深浅不同，大小不等故耳。而不知《汉志》固谓其“出于”，而不谓其“等于”也。

第三节　流派

诸子之学，皆不能外于名，已如上所论矣。然张采田云：

> 荀卿长于礼，墨家本祝史，祝史掌祭祀，礼之大者也。此因礼而及名家者耳。法家言信赏必罚，赏罚必当其实，此因明法而兼及名家者耳。杂家兼儒墨，合名法，知王治之无不贯，此因备众家之所长，而兼及名家者耳。皆非专修名家之术者也。专修明家之实者，则始于邓析子。……然析虽备言名与治相关之理，而

> 犹未畅发其学也。畅发其学，则始于尹文子。尹文子于名立三科四呈。……然尹文子虽规定名家范围，而专标此学以号于天下，则又始于公孙龙。公孙龙，六国时辩士也，疾名实之淆乱，于是假物取譬，以守白辩，而名家一派，遂大行于战代。（《史微·原名篇》）

胡适《中国哲学史大纲·别墨篇》，据《庄子·天下篇》，谓墨家两派，一为相里勤，二为南方之学者，其表如下：

- 墨学
  - 相里勤 —— 五候之徒
  - 南方之墨者
    - 苦获
    - 己齿
    - 邓陵子

且谓两派“俱诵墨经，而倍谲不同，相谓别墨，以坚白异同之辩相訾，以觭偶不仵之辞相应”，是墨家之后人，于宗教的墨学之外，另分出一派科学的墨学。此派墨家，所研究讨论者，为坚白异同觭偶不仵等问题，故与宗教的墨学自然倍谲不同，而自号为别墨。别墨，犹言新墨。于是以今本《墨子》《经上下》《经说上下》《大取》《小取》等六篇，皆为别墨所作。据胡氏之说，则相里勤、五侯之徒，与夫南方之墨者苦获、己齿、邓陵子之属，均由墨家而流为专门名家矣。

胡氏又以《庄子·天下篇》有“坚白异同之辩相訾，觭偶不仵之辞相应”之说，并据孙诒让《墨子间诂》注云：坚白同异之辩，则与公孙龙书及庄子所述惠施之言相出入。又云：“据庄子所言，则似战国时墨家别传之学，不尽墨子之本旨。”故以惠施、公孙龙之徒皆列入别墨。又此二家《艺文志》本列在名家，而胡氏谓为古代无所谓名家。然则由胡氏之说观之，惠施、公孙龙之徒，亦皆由墨家而流为所谓名家者也。然则吾所谓专门之名家者，皆别墨一派，在胡氏则不名为名家，而名为科学的墨学，即今世所谓科学家者也。

近人王琯《公孙龙子悬解叙录》篇，又作《墨学派别表》如下：

- 墨学
  - 伦理学派
    - 禽滑厘
      - 索庐参
      - 许犯—田系
    - 高石子
    - 高　何
    - 县子硕
    - 公尚过
    - 耕柱子
    - 魏　越
    - 随巢子
    - 胡非子—屈将子
    - 管黔敖
    - 高孙子
    - 治徒娱
    - 跌　鼻
    - 田　俅（一作田鸠）
    - 缠　子
    - 孟　胜－徐弱
    - 田襄子
    - 腹　䵍
    - 夷　子
  - 辩证学派
    - 相里勤—五侯子
    - 相夫氏
    - 邓陵氏
    - 苦　获
    - 己　齿
    - 谢　子
    - 惠　施
    - 公孙龙—綦毋子
    - 毛　公

胡、王二氏大同小异，唯胡氏则不认有名家，而王氏则认有名家而已。

吾以谓胡氏说别墨未免沿旧注之误。“相谓别墨”一句，宜注重“相谓”二字。“相谓别墨”盖谓彼此互斥为“别墨”。别字古与八通。八、北、背古声义皆相通。盖彼此不同，自以为正宗，而斥人为背师者也。据此《经上下》必为墨子所作。不然，彼此必无俱诵之理，至于惠施、公孙龙之徒，庄子叙于《天下篇》之末，而叙墨子于诸家之首，不以施、龙叙于相里勤、苦获之列。则其非学于墨子可知。

第四节　评议

《汉书·艺文志》云：

> 名家者流，盖出于礼官，古者名位不同，礼亦异数。孔子曰：“必也正名乎？名不正，则言不顺；言不顺，则事不成。”此其所长也。及謷者为之，则苟钩鈲析乱而已。

刘、班之评名家，盖亦儒者之见而已。其所谓失者，乃正当时名家之所长，盖将由礼法而分为专门之学矣。

司马谈《论六家要旨》云：

名家使人俭而善失真，然其正名实，不可不察也。

名家苛察缴绕，使人不得反其意，专决于名而失人情，故曰：使人俭而善失真。若夫控名责实，参伍不失，此不可不察也。

其说盖刘、班之所本。

第五节　家数

《汉书·艺文志》所列周、秦名家如下：

《邓析》二篇。（郑人，与子产并时。）

疑。晁公武云："析书大旨讦而刻，真其言也。其间时剿取他书，颇驳杂不伦，岂后人附益之欤？"顾实云：载籍多言子产诛邓析，而《左传》言驷歂杀之，盖别一邓析也。荀子曰："山渊平，天地比，齐、秦袭，入乎耳，出乎口，钩有须，卵有毛，是说之难者也，而惠施、邓析能之。"《淮南子》曰："公孙粲于辞而贸名，邓析巧辩而乱法。”刘向曰：“邓析好刑名，操两可之说，设无穷之辞。”是邓析书当与公孙龙、惠施相似，今不然也。惟韩非子曰：“坚白无厚之辞章而宪令之法息。”故王应麟曰：邓析书《无厚》《转辞》二篇，其论无厚者，言之异同，与公孙龙同类。盖坚白无厚者，坚白异同之别语。龙、析可同者只此耳。然庄子言“以无厚入有间”，是析之术亦归于黄老。无厚者，至薄之名，此刑名之所以惨礉也。柱按：邓析子疑有二人；一为刑名之邓析，一为墨家之邓陵子，即言钩有须，卵有毛，坚白同异之说者也。陵以双声转为历，又以叠韵转析耳。然尚无他证，未能定也。姑存以待商耳。

《尹文子》一篇。（说齐宣王，先公孙龙。）

亡。柱按：今人唐钺谓：现行《尹文子》上下篇，可怀疑之点甚多。甲、序之来历可疑；乙、引用古书而故意掩晦来源；丙、用秦以后词语；丁、文体不似先秦书；戊、剿袭别书之大段文字；己、袭用古书而疏谬；庚、一篇之中自相矛盾；辛、书中无尹文子之主张；壬、书中有与尹文主张相反者；癸、书中之错误与序中之错误相同。故决今本《尹文子》是伪书。其言盖允。

《公孙龙子》十四篇。（赵人。）

残。详后。

《成公生》五篇。（与黄公等同时。刘向云与李斯子由同时。）

《惠子》一篇。（名施，与庄子并时。）

亡。马国翰有辑本。

《黄公》四篇。（名疵，为秦博士。）

亡。

《毛公》九篇。（赵人，与公孙龙等并游平原君赵胜家。）

亡。

右共七家。

第二章　公孙龙子

第一节　传略

王琯《公孙龙子悬解》有《公孙龙子事辑》一篇，载龙事颇详。兹略节录如下：

> 公孙龙，字子秉，赵人，祖述《辩经》，以正别名显于世。疾名实之散乱，因资财之所长，假物取譬，为守白之论。……适燕，说燕昭王以偃兵。……适赵，与其徒毛公綦毋子等游平原君赵胜家。虞卿欲以信陵君之存邯郸，为平原君请封。龙闻之，夜驾见平原君。……平原君遂不听虞卿。厚待龙。……尝与孔穿会平原君家。穿曰："素闻先生高谊，愿为弟子久，但不取先生以白马为非马耳。请去此术。则穿请为弟子。"龙曰："先生之言悖。龙之所以为名者，乃以白马之论耳，今使龙去之，则无以教焉。且欲师之者以智与学不及耳。今使龙去之，此先教而后师之

也。先教而后师之者，悖。且白马非马，乃仲尼之所取。龙闻楚王张繁弱之弓，载忘归之矢，以射蛟兕于云梦之圃，而丧其弓。左右请求之。王曰："止。楚王遗弓，楚人得之，又可求乎？"仲尼闻之，曰："楚王仁义而未遂也。"亦曰："人亡弓，人得之而已，何必楚？"若此，仲尼异楚人于所谓人。夫是仲尼异楚人于所谓人，而非龙异白马于所谓马，悖。先生修儒术，而非仲尼之所取；欲学，而使龙去所教，则虽百龙固不能当前矣。"孔穿无以应焉。又尝深辩至藏三耳。……驺衍适赵，过平原君，见龙及綦毋子等，论白马非马之辩。……尝与辩者桓团之徒以二十一事相訾应。著书十四篇，名《公孙龙子》。持论宏赡，读之初觉诡异，而实不诡异也。

公孙龙之生死年，已不可考。胡适《中国哲学史大纲》据《吕氏春秋》及《战国策》诸书所载，定为生于西历前三二五和三一五年之间。死时当在前二五〇年左右。

第二节 书本

《汉书·艺文志》云：

《公孙龙子》十四篇。(赵人。)

《公孙龙》今存六篇，清姚际恒《古今伪书考》，以本书《汉志》所载，《隋志》无之，定为伪书。今人栾调甫以谓原名《守白论》，著录在《隋志》道家，其所著《名家篇籍考》云：

> 《公孙龙子》之名《守白论》，本书《迹府篇》云："疾名实之散乱，因资财之所长，为守白之论。假物取譬，以守白辩。"此其命名之由者一也。《隋志》虽录于道家，然确知其不为道家者，因老子云："知其白，守其黑，为天下式。"道家旨在守黑，而论名守白，显非道家之言二也。唐成玄英《庄子疏》云："公孙龙著守白之论，见行于世。"又云："坚白，公孙龙《守白论》也。"此唐人犹有称《公孙龙子》为《守白论》者三也。复合隋、唐两《志》考之：《隋志》道家有《守白论》，而名家无《公孙龙子》；《唐志》名家有《公孙龙子》，而道家无《守白论》。是知其本为一书，著录家有出入互异，四也。至《隋志》著录在道家，乃由魏晋以来学者好治老、庄书，而因庄、列有记公孙龙坚石白马之辩，故亦摭拾其辞，以谈微理。此风已自晋人爰

俞开之，而后来唐之张游朝著《冲虚白马非马证》，《新唐志》列入道家。宋之陈元景录《白马》《指物》二论以入其论著《南华余录》，亦在《道藏》。然则《隋志》之录《守白》于道家，又何足疑？此其五也。

然则《隋志》固非无《公孙龙子》也。唯其名异耳。孙录云：

观此五证。《隋志》《守白论》之为本书，与其著录道家之故，已明著无遗矣。……更由此而上溯之于六朝，则《隋志》凡注“梁有”者，皆据阮孝绪《七录》而言。《隋志》名家不言“梁有”，则《七录》亦必著于道家，而名为《守白论》也。且除张湛《列子注》“此论现存”一证外，阮裕曾为谢安道“白马论”，则江左之流传未绝，固已凿凿可据也。而《孔丛子》为魏晋间所出之伪书，其《公孙龙子》篇即由本书《迹府篇》割裂改纂而成。爰俞摭取《公孙龙子》辞以谈微理，殆亦犹是。复由此上溯之两汉，则《盐铁论》记丞相史引公孙龙之言。扬子《法言》论公孙龙诡辞数言。此皆前乎《汉志》者。而其同时者如王充称白马之论，冯衍说碧鸡之辩，亦与今书相应。然则其即汉人所传之本欤？惜《汉志》著录之十四篇，今仅存六篇，未能知其他八篇亡于何时耳。王琯据郑樵《通志》旧有十四篇，今亡八篇之说，而谓至宋始残，此或本诸《四库提要》之说，然未可信也。盖《隋志》《守白论》已是一卷，两《唐志》著录之《公孙龙子》或作三卷者，乃其分卷之异，而宋以来相传之本，固皆如是者也。虽八篇之书亡于何时今不可考，而其必不在宋世，则可知也。试据以上所述，重为考订《公孙龙子》传本源流如左：

一、两汉传本《公孙龙子》十四篇。

二、六朝传本《守白论》一卷。

三、唐世传本《公孙龙子》三卷，亦作一卷。

四、宋世传本《公孙龙子》一卷。

今行世本出于《道藏》。《道藏》所收古书，则均本诸宋刊本也。（《读王献唐〈公孙龙子悬解〉》）

然则今本《公孙龙子》之非伪书审矣。

今本《公孙龙子》六篇之目如下：

《迹府》第一

《白马论》第二

《指物论》第三

《通变论》第四

《坚白论》第五

《名实论》第六

今案陈直云：《迹府篇》首云公孙龙六国时辩士，似非其自撰。周、秦诸子类此者多，不足怪也。盖亦惟《迹府篇》为然，余五篇则龙自著也。

今欲研究《公孙龙子》，下列诸书可供参考：

谢希深《公孙龙子注》

陈澧《公孙龙子注》

王琯《公孙龙子悬解》

金受申《公孙龙子释》

陈柱《公孙龙子集解》

第三节　学说

《庄子·天下篇》云：

桓团、公孙龙，辩者之徒，饰人之心，易人之意，能胜人之口，不能服人之心，辩者之囿也。

由《天下篇》之言，则略可知公孙龙之徒立论之宗旨矣。简括言之，则据名学以破除世俗一切之常名，推翻世俗一切之常识而已。今试略说之：

名实论　研究名学者最重正名。正名者，使名与实必相符合而已。公孙龙《名实论》说此最严。其言云：

天地与其所产者，物也。物所以物其所物而不过焉，实也。实以实其所实而（原无此字据上文增）不旷焉，位也。出其所位，非位。位其所位焉，正也。以其所正，正其所不正；不以其所不正，（原脱此句，据胡适校增）疑其所正。其正者正其所实也，正其所实者，正其名也。

盖谓名与实必适相符合，方为得位。得位方可以为正。于是以正者为标准，而使天下之不正者正焉。此名学之要义也。

白马论　庄子《齐物论》云："以马喻马之非马"，正指公孙龙此论。公孙之意，盖欲以正名之术证明马非马。欲证明马非马，故先以白马非马起难。其《白马论》云：

> 白马非马可乎？曰：可。曰：何哉？曰：马者所以命形也；白者所以命色也。命色者，非命形也。故曰：白马非马。

此谓马之名不言色也。今言白马，是有色也。故白马比马多白色。若以白马为马，则白之实旷，非《名实论》所谓“实以实其所实而不旷焉”者矣。故曰：白马非马。

> 曰：以有白马为有马，谓有白马为有黄马，可乎？曰：未可。曰：以有马为异，有黄马，是异黄马于马也。异黄马于马，是以黄马为非马。以黄马为非马，而以白马为有马，此飞者入池，而棺椁异处。此天下之悖言乱辞也。

白马非马，人所难知，故又以白马非黄马证之。夫黄马非白马，人所共知也。然而世人则以白马为马，如是则得下之论式：

黄马 非 白马，

白马 是 马，

故黄马 非 马。

然则黄马非马明矣。夫黄马既非马，白马岂得谓之马邪？夫黄马非马，白马非马，推之赤马亦非马，黑马亦非马，则马乃非马矣。非马与无马有异，故《白马论》载客难云：

> 以马之有色为非马，天下非有无色之马也，天下无马，可乎？

公孙龙之意，以天下虽无无色之马，而却不可谓无马，盖无马则黄白之马皆无矣。其言曰：

> 马固有色，故有白马；使马无色，有马如已耳，安取白马？

此谓马必有色，故天下有白马黄马也。又云：

> 马者无去取于色，故黄黑皆所以应。白马者有去取于色，黄黑马皆所以色去，故唯白马独可以应耳。

此谓天下有马，故求马则黄白马皆可应也。白马非黄马黑马，故黄黑马皆以色去，而天下之马，则谓为白马非黄马，犹云白马非马也。白马非马之义既立，然白马有色之马也。除白马之外，亦皆有色之马也。白马既非马，则有色之马皆非马矣。如是证之，所谓马者非马明矣。夫天下非无马，而竟不能有适合于马之名者，以是见名实之难也。

质而言之，公孙龙之方法，在以马喻白马之非马，再以白马喻马之非马焉，所谓“以白马喻马之非马”者，即以白马非马，喻马亦非马也。故庄子概括言之曰：以马喻马之非马也。

指物论　《指物论》即《白马论》之结论。白马论止论马，而此则欲推而至于一切之名也。名者人之所指名也。故以名为指。然不谓之名而谓之指者，指较实而名较虚也。《白马论》则以马喻马之非马；《指物论》则以指喻指之非指。试以“名”字代“指”字，则犹云：以名喻名之非名也。《白马论》以白马喻马之非马，《指物论》则以别名喻共名之非名也。其《指物论》云：

物莫非指而指非指。

全篇之“物”字，若以“白马”代之，“指”字若以“马”代之，则文当云：

白马莫非马，而马非马。

所以者何？下文解之云：

天下无指，物无可以谓物；非指者，天下之（原作“而”，当为之字篆文之误倒）物可谓指乎？

此以马代指，以白马代物，犹云：

天下无马，白马无可以谓白马；非马者，天下之白马，可谓马乎？

此以“天下无指，物无可以谓物”，解“物莫非指”也；犹以“天下无马，白马亦无可以谓白马”，解“白马莫非马”也。以“非指者天下之物可谓指乎”解“指非指”，犹以“非马者天下之白马可谓马乎”解“马非马”也。然既云“物莫非指”，又云“指非指”；既云“白马莫非马”，而又云“马非马”；得无矛盾邪？所以者何？下文再解之：

指也者，天下之所无也；物也者，天下之所有也。以天下之所有，为天下之所无，未可。

此犹云：

马者，天下之所无也；白马者，天下之所有也。以天下之所有，为天下之所无，未可。

夫马何以云天下之所无乎？马者无色之马也。天下无无色之马，故曰：马者天下之所无也。凡马莫不有色，故曰：白马者天下之所有也。夫然，故以白马为马，是天下之所有，为天下之所无矣。然则白马非马，明矣。白马非马，则马之非马亦明矣。盖首句云：

物莫非指，（犹云：白马莫非马。）

此就命名之始言之耳。次句云：

而指非指，（犹云：马非马。）

则公孙龙所树之义，以破俗执者也。

通变论　此篇盖言物质之合，自常人视之，则混然无间；而以理考之，则物质必各各相邻，以同一空间，同时不能容两物体也。既各各相邻，则两物体相邻之处，必有间隙。其言云：

曰：二有一乎？曰：二无一。

此假客问二物体可以混然如一乎？而公孙龙则答曰：二物体相邻，必有间隙，不能如一也。下文云：

羊合牛非马，
牛合羊非鸡。

盖谓羊与牛合仍为羊牛，不能变为别一混然之物，名为马者。牛与羊合，亦仍为牛羊，而不能变为别一混然之物，名为鸡者。以算式演之，则可为

羊 + 牛 = 羊牛，
牛 + 羊 = 牛羊。

而不可为

羊十牛 = 马，
牛 + 羊 = 鸡。

此人人所共知之者也。其稍难知者，

青以白非黄，（以，与也。）

白以青非碧。

此则物质甚小，人见青与白相混而成黄，则以为真黄矣；人见白与青相混而为碧，则以为真碧矣。而不知以各各之原质考之，仍各相邻而有间隙，故以算式表之，仍当为

$$青+白=\begin{matrix}青白，青白\\青白，青白\end{matrix}$$

$$白+青=\begin{matrix}白青，白青\\白青，白青\end{matrix}$$

不可为

$$青+白=黄$$

$$白+青=碧$$

此如今化学之公式，如

$$H_2+O=H_2O$$

H_2 加 O 虽化合为水，混然无间。然精而考之，则各各之原子相邻处，亦必有间隙也。此庄子所以有目无全牛之喻也。

坚白论　公孙龙之意，在明人之视、拊不能得石，欲言不能得石，先言不能有坚白石。《坚白论》云：

> 坚白石三，可乎？曰：不可，曰：二，可乎？曰：可。曰：何哉？曰：无坚得白，其举也二；无白得坚，其举也二。

此谓目得石之白，而不得其坚，举白合石，只有白石，白一石一，其数二也。手得石之坚，而不得石之白，举坚合石，只有坚石，坚一石一，其数二也。

> 曰：得其所白，不可谓无白；得其所坚，不可谓无坚。而之石也，之于然也，非三也？

此设为客难之辞，谓坚白同函于石，目既得白矣，于手得坚之时，虽不得白，不能谓无白。手既得坚矣，于目得白之时，虽不得坚，不可谓无坚，此石之自然而然者，岂非三邪？

曰：视而不得其所坚，而得其所白者，无坚也；拊而不得其所白，而得其所坚者，无白也。

此公孙龙答辞，言目视时知白而不知坚，是石于目无坚也。手拊时知坚而不知白，是石于手无白也。故就目言只有白石，就手言只有坚石，必目与手合而后有坚白石。然公孙龙于空间既以为二不可以一，则在时间亦二不可以一。目与之知觉，无论如何相接，必有相间，则方知白不知坚，方知坚不知白，故不可云坚白石也。

以上言白与坚不能盈于一，而必相离也。再进而言之，则白与石亦相离。

白固不能自白，恶能白石物乎？若白者必白，则不白物而白焉。黄黑与之然。石其无有，恶取坚白乎？故离也。

王琯释之云：

此节释白离。言白而不能自白，即不能白石与物。

白而果能自白，则不借他物，可单独自白。若黄若黑，其理同然。如此白既外石而独立，天下未有无色而能见之石，则石复何有？又安取于坚白石乎？此以白能自白，证与石相离之理。

夫白既与石离，则所见之白已非白石，况于坚乎？再进一步而言之，则见亦与白离。

且犹白以目见，目（各本无此二字，据孙诒让校增）以火见，而火不见；则火与目不见，而神见；神不见，而见离。

王琯释之云：

犹通由。火即光明之意。言白由目见，而目不自见，由光乃见；光不见白，由光而见之目，又何能见？是俱不见矣。若是操其枢者为心神，以神见矣。然神之为用，究属空灵，人不能见神也。不可见，故见离。

夫白既离石，见又离白，则所见非石。目既如此，手亦同然。则人之视拊竟不得石矣。

结论 然则公孙龙之论旨可知矣。马者，世俗普通之名也。而龙则破之，以见马非马。坚白石，亦普通之名也，而龙则破之，以谓同时不能有坚白石。白马为马，此常识也，而龙则破之，以为白马非马。二物之相合为一，此常识也，而龙则破之，以为二不能一。总而言之，白马指物二论，则离名实之连络；通变论，则离物质之连络；坚白论，则离智识之连络者也。皆用名学之方法，以树立其离义者也。故若公孙龙者，谓为名家之离宗，殆亦无不可也。庄子之论惠施云："以反人为术，而欲以胜人为名。"可谓施、龙辈之定论，而其分析之精神，则实大类于科学家矣。

第三章 惠子

第一节 传略

惠施，司马彪云：姓惠名施，为梁相，高诱云：宋人也。《汉书·艺文志》云：与庄子并时。胡适云：惠施曾相梁惠王，惠王死时，惠施还在。惠王死在西历纪元前三一九年，又据《吕氏春秋》，齐、梁会于徐州相推为王，乃是惠施的政策。徐州之会，在纪元前三三四年，据此看来，惠施的时代，大约在前三八〇年与前三〇〇年之间。

第二节　书本

《汉书·艺文志》云：

《惠子》一篇。

《庄子·天下篇》云：

惠施多方，其书五车。

杜按：据庄子之言，则惠施著书之多可知。《汉志》云“一篇”，则在汉时亡失者已多矣。盖几已尽亡之矣。今《汉志》一篇亦已亡。马国翰有辑本。

今欲研究惠施学说，下列各书，可供参考。

胡适《惠施公孙龙之哲学》（《东方杂志》第十五卷第五六期）

顾实《庄子天下篇讲疏》

陈柱《庄子天下篇新注》

陈柱《惠子学案》

第三节 学说

惠施之书，今已亡佚，其说散见于《庄子》为最多，而尤以《庄子·天下篇》所述者最有价值。《庄子·天下篇》云：

惠施多方，其书五车，其道舛驳，其言也不中。历物之意曰："至大无外，谓之大一；至小无内，谓之小一。无厚不可积也，其大千里。天与地卑，山与泽平。日方中方睨，物方生方死。大同而与小同异，此之谓小同异；万物毕同毕异，此之谓大同异。南方无穷而有穷。今日适越而昔来。连环可解也。我知天下之中央，燕之北、越之南是也。氾爱万物，天地一体也。"惠施以此为大观于天下，而晓辩者。天下之辩者，相与乐之。卵有毛。鸡三足。郢有天下。犬可以为羊。马有卵。丁子有尾，火不热。山出口。轮不蹍地。目不见，指不至，至不绝。龟长于蛇。矩不方，规不可以为圆。凿不围枘。飞鸟之景，未尝动也。镞矢之疾，而有不行不止之时。狗非犬。黄马骊牛三。白狗黑。孤驹未尝有母。一尺之棰，日取其半，万世不竭。辩者以此与惠施相应，终身无穷。桓团、公孙龙，辩者之徒，饰人之心，易人之意，能胜人之口，不能服人之心，辩者之囿也。惠施日以其知与人辩，特与天下之辩者为怪，此其柢也。然惠施之口谈，自以为最贤。曰："天地其壮乎？"施存雄而无术。南方有倚人焉，曰黄缭，问天地所以不坠不陷，风雨雷霆之故。惠施不辞而应，不虑而对，遍为万物说，说而不休，多而无已，犹以为寡，益之以怪。以反人为实，而欲以胜人为名，是以与众不适也。

观庄子此文，则惠施之书，所以不传，盖以与众不适之故。而惠施之徒，其学大抵以反人为要，则可断然无疑者也。

惠施历物之意，可分为十事，如下：

（一）至大无外，谓之大一；至小无内，谓之小一。

（二）无厚不可积也，其大千里。

（三）天与地卑，山与泽平。

（四）日方中方睨，物方生方死。

（五）大同而与小同异，此之谓小同异；万物毕同毕异，此之谓大同异。

（六）南方无穷而有穷。

（七）今日适越而昔来。

（八）连环可解也。

（九）我知天下之中央，燕之北、越之南是也。

（十）氾爱万物，天地一体也。

此十事，胡适《中国哲学史大纲》上卷第八篇第四章，以第十事“氾爱万物，天地一体也”为一个大主义。前九条是九种辩证，后一条是全篇之断案。前九条略依章太炎《明见篇》，分为三组：

第一组论一切空间的分割区别都非实有。（一）（二）（三）（六）（七）（八）（九）。

第二组论一切时间的分割区别都非实有。（一）（二）（三）。

第三组论一切同异都非绝对的。（五）。

三组的断案天地一体也。

辩者之徒，与惠施相应者，可分为二十一事，如下：

（一）卵有毛。

（二）鸡三足。

（三）郢有天下。

（四）犬可以为羊。

（五）马有卵。

（六）丁子有尾。

（七）火不热。

（八）山出口。

（九）轮不蹍地。

（十）目不见。

（十一）指不至，至不绝。

（十二）龟长于蛇。

（十三）矩不方，规不可以为圆。

（十四）凿不围枘。

（十五）飞鸟之景，未尝动也。

（十六）镞矢之疾，而有不行不止之时。

（十七）狗非犬。

（十八）黄马骊牛三。

（十九）白狗黑。

（二十）孤驹未尝有母。

（二十一）一尺之棰，日取其半，万世不竭。

此二十一事，胡适《中国哲学史大纲》归之于第五章《公孙龙》，并分为四组如下：

第一论空间时间区别都非实有。（三）（九）（十五）（十六）（二十一）。

第二论一切同异都非绝对的。这一组又分两层：

（甲）从自相上看来万物毕异。（十三）（十四）（十七）。

（乙）从共相上看来万物毕同。（一）（五）（六）（十二）。

第三论知识。（二）（七）（十）（十一）（十八）。

第四论名。（四）（十九）（二十）。

余以为此二十一事，乃惠施所晓之辩者之说，公孙龙固辩者之一，然未必即为公孙龙之说，故为便利于研究计，仍以附于惠施为宜。

以上惠施十事，辩者之徒二十一事，合而观之，则此辈之说，专以与常识相反甚明。兹略述之如下：

有引常识之说为例，以证常识之说之非者，如常识以中国或四海之内为天下，而此辈则云："郢有天下"，以见倘中国可以称为天下，则郢亦有天下之一部，亦可称为天下。如郢而不可为天下，则中国亦不可以为天下。常识言时间谓之长，空间亦谓之长。彼辈之意，则为不分别则言易乱。若有人问曰：龟与蛇孰长？常人则答云：蛇长于龟，而我则答云：龟长于蛇，未尝不可也。何也？常人指其身体而言，而我则指其寿命而言也。斯可以见空间之长，与时间之长，当别其称谓矣。

其他则或据地圆之理以见常识所称方向之不定，常识以南便是南，北便是北。而此辈则以地为圆物，燕南越北，固可以为中央；燕北越南，又奚不可以为中央乎？故曰：“我知天下之中央，燕之南、越之北是也。”“南方无穷而有穷”，当作“南方有穷而无穷”。谓常识以地为方形，故南方是有穷者；而不知地为圆形，而南方未始有穷也。常识以地为方，故无今日适越而昔已来之理；不知地形本圆，在西方日中，在东方则为夜半；故在东方之人言今夜到越，而在西方之人，便是昔日已至越矣。（此略本胡适说）

又据分析之理以见常识大小之无定。一尺之棰，世所谓小也。而日取其半，万世不竭。则以万世所取之一半，以比一尺之棰，则一尺之棰，便是无穷之大。小既不足为小，则大亦不足为大，则常识大小之见除矣。

又有据物之本体以见常识之非者，如人言火热，而不知火本不自热，只人觉火热耳。只可谓之人觉火热，而不可径云火热，故曰“火不热”也。

此外各条虽所据之理不同，而专与常识反对，欲打倒常识，其旨则一而已。

此等学说，最足以提起学者之研究心，而排除人类之惰怠性。其精神似亦受老子反义之影响，唯老子用反以应世，惠施之徒则用反以历物，是其异也。庄子之反世，亦与老子同，然老子由有对待而求至无对待，庄子以分析比较而见大小之无常，大不足为大，而小亦不足为小，故大小之见无。此庄子之学，与老子异者。而其起于分析比较则与惠子同。唯庄子则因分析而忘大小，本之而为忘言的人生观之哲学。惠子则不然，以分析而明常识之大不足为大，常识之小不足为小，专以反人胜人为事，而为好辩之名家。此庄惠之所以异也。知乎此，庄惠两人之相非可以明，而庄惠之相知，亦可以见矣。

第六编　墨家

第一章　墨家总论

第一节　本原

《汉书·艺文志》云：

墨家者流，盖出清庙之守，茅屋采椽，是以贵俭；三老五更，是以兼爱；选士大射，是以上贤；宗祀严父，是以右鬼；以孝视天下，是以上同。

此言墨家之远源也。《淮南子·要略》云：

> 墨子学儒者之业，受孔子之术，以为其礼烦扰而不说，厚葬靡财而贫民，久服伤生而害事，故背周道而用夏政。禹之时天下大水，禹身执虆垂以为民先，剔河而道九岐，凿江而通九路，辟五湖而定东海。当此之时，烧不暇攋，濡不给扢，死陵者葬陵，死泽者葬泽，故节财薄葬闲服生焉。

此言墨家之近因也。其源既远，复受环境之近因，故其学说亦不能无变，变之甚或离其本源焉。故《艺文志》谓墨家本于“以孝视天下”之清庙之守，而孟子则以讥墨氏为无父。一溯其原，一言其流也。

《淮南子》言“墨子学儒者之业，受孔子之术”，此“学”字与“受”字，不可作相师及受业解，谓读其书而已。或者据此遂以墨子为孔子之徒，墨子不非儒，凡非儒之言，皆非墨子之本意，则非也。

墨家，《汉书·艺文志》首列《尹佚》二篇，注云：“周臣，在成康时。”则墨家之学，非始自墨子，而何为以墨子之姓为其学之名？故江瑔《读子卮言》第十四章，即以此为墨子非姓墨之证之一，其言曰：

> 墨子之学，出于史佚、史角。史角无书，史佚有

书二篇，《汉志》列于墨家之首，且读“尹佚为周臣，在成康时”。则由史佚历数百载而后至墨子。未有墨子之前，已有墨家之学。墨子生于古人之后，乃讳其渊源所从出，以己之姓而名其学，而尽废古人，不特为诸家之所无，且于理有未妥也。

第二节　命名

然则墨家何以称“墨”乎？江氏复为之说曰：

古之所谓墨者，非姓氏之称，乃学术之称也。犹言墨子之徒，以墨为其学耳。请先言墨字之义。考墨字从黑，为会意兼形声字。故古人即训墨为黑，又训为晦，引申之为瘠墨，为绳墨。是则所谓墨者，盖垢面囚首，面首黎墨之义也。墨子之学出于夏禹，《庄子•天下篇》云：“墨子称道禹行曰：不能如此，非禹之道也。不足谓墨。”《淮南子•要略篇》云：“墨子学儒者之业，受孔子之术，以为其礼烦扰而不说，厚葬靡财而贫民，久服伤生而害事。故背周道而用夏政。”《墨书•公孟篇》亦云：“墨子谓公孟曰：子法周而未法夏也，子之古非古也。”而其书中所引先王，亦以称禹为最多。是则墨学出于夏禹自无可疑。然夏道尚质，禹尤以质著。孔子称禹“菲饮食，恶衣服，卑宫室”。庄子称“禹亲自操橐耜，而九杂天下之川，腓无胈，胫无毛，沐甚风，栉甚雨”，列子称“禹身体偏枯，手足胼胝”，吕不韦称“禹忧其黔首，颜色黎黑，窍藏不通，步不相过”，是禹之为人，尽俭苦之极轨。故墨氏亦学之。墨子之学，虽有贵俭、兼爱、上贤、右鬼、非命、上同诸端之不同，而究以贵俭兼爱为宗。然贵俭为本，兼爱为用。二者之中，又自贵俭始，故于节用、节葬、非乐诸端，尤三致意焉。是以其学之宗旨，弃文而从质，弃华而务实，弃逸而任苦，“生不歌，死无服，桐棺三寸而无椁，其生也勤，其死也薄，以独任为务，虽苦槁不舍”，（以上七语，俱散见《庄子·天下篇》），“摩顶放踵，利天下为之”。（见《孟子》）其为道适与禹同。庄子又云：“禹大圣人也，而形劳天下也如此，如使后世之墨者，多以裘褐为衣，以跻跂为服，日夜不休，以自苦为极，曰：不能如此，非禹之道也。”又云：“将使后世之墨者，必自苦以腓无胈，胫无毛，相进而已。”是墨子学禹之道，亦以自苦为极者也。以自苦为极，必至如禹之身体偏枯，手足胼胝，栉风沐雨，颜面黎黑，不自以为苦，且汲汲焉忘其身以利天下，自当如是。故孟子称为“摩顶放踵”，庄子称为“其道大觳”。后世亦言墨突不得黔，此其学适合于墨字之义，故以墨名其家。人亦咸以墨子称之。所谓墨者，盖即槩桰勤俭劳苦诸义之称也。

江氏之说固是矣。然墨子之墨，既非姓，而与儒、道、名、法同为学术之名。则墨家之墨翟，可称墨子，而儒家之孔丘，不能称儒子，道家之老聃不能称道子何邪？吾意墨之始固为学术之名。墨子喜其学，因以为姓。故既得名学术为墨家，亦得称其人为墨子也。

第三节　流派

墨家之学，《艺文志》谓出于清庙之守，此不过言墨家之远祖而已，不足以言学也。墨子法夏禹，禹之言行，虽详于经传，然可谓实行政治家，不足以言学说也。墨家《汉志》始《尹佚》二篇，其书已亡，无可考论。要而论之，集墨学之大成者为墨子。墨家之有墨子，犹儒家之有孔子矣。墨家自墨子之后，始有派之可言。《庄子·天下篇》云：

相里勤之弟子，五侯之徒；南方之墨者，苦获、己齿、邓陵子之属俱诵《墨经》，而倍谲不同，相谓别墨，以坚白同异之辩相訾，以觭偶不仵之辞相应，以巨子为圣人，皆愿为之尸，冀得为其后世，至今不决。

顾实以苦获、己齿、邓陵子之属，既为南方之墨者，故相里勤之弟子，五侯之徒，与南方相对者，为北方之墨者。则由庄子之言，当时墨家，盖分为南北二派矣。《韩非子·显学篇》云：

自墨子之死也，有相里氏之墨，有相夫氏之墨，有邓陵氏之墨。……取舍相反不同，而皆自谓真孔、墨。

据韩非所说，则当时之墨又分为三派。今墨子书《尚贤》《尚同》等皆有上中下三篇，故俞樾遂以为三墨之书，其作孙诒让《〈墨子间诂〉序》云：

墨子死而墨分为三，……今观《尚贤》《尚同》《兼爱》《非攻》《节用》《节葬》《天志》《明鬼》《非乐》《非命》，皆分上中下三篇，字句小异，而大旨无殊。意者此乃相里、相夫、邓陵三家相传之本不同，后人合以成书，故一篇而有三本乎？墨氏弟子，罔罗放失，参考异同，俱有条理，较之儒分为八，至今无可考，转似过之。

据俞氏之说，则是三墨之传本，至今尚有存者，唯其说之如何相反，如何倍谲不同，则已无可考耳。

墨学既以振世救弊为主，故一变而为侠。《韩非子》云：

儒以文乱法，侠以武犯禁。

此以儒侠并举，犹他书之以儒墨并举也。清儒陈澧《东塾读书记》谓："墨子之学，以死为能事，战国侠烈之风，盖出于此。"其言最为有识。康有为本之，以两汉之游侠，皆列入墨家之派别，均深悉学术之流变者也。

第四节　评议

《汉书·艺文志》云：

墨家者流，盖出于清庙之守，茅屋采椽，是以贵俭；

养三老五更，是以兼爱；选士大射，是以上贤；宗祀严父，是以右鬼；顺四时而行，是以非命；以孝视天下，是以上同；此其所长也。及蔽者为之，见俭之利，因以非礼，推兼爱之意，而不知别亲疏。

刘、班论墨学之所长，未能得其精微也。而言其弊，则颇为得之。

司马谈《论六家要旨》云：

墨者俭而难遵，是以其事不可徧循，然其强本节用，不可废也。

墨者亦尚尧舜，道言其德行，曰：堂高三尺，土阶三等，茅茨不剪，采椽不刮，食土簋，啜土刑，粝粱之食，藜藿之羹，夏日葛衣，冬日鹿裘。其送死，桐棺三寸，举音不尽其哀。教丧礼，必以此为万民之率，使天下法。若此则尊卑无别也。夫势异时移，事业不必同，故曰俭而难遵。要其强本节用，则人给家足之道也。

此以“强本节用”为墨学之长，而以“举丧不尽其哀”为墨学之短，此孟子所讥为无父者欤？

周、秦诸子评论墨子者至众，详拙著《墨学十论》，今不能详也。

第五节　家数

《汉书·艺文志》云：

《尹佚》二篇。（周臣，在成康时也。）

亡。马国翰有辑本。

《田俅子》三篇。（先韩子。）

亡。即田鸠。顾实云：《隋志》曰："梁有《田俅子》一卷。"然唐宋类书时见称引，多言符瑞，亦明鬼之意欤？马国翰有辑本。

《我子》一篇。（刘向《别录》云：为墨子之学。应劭曰："我子，六国时人。"）

亡。

《随巢子》六篇。（墨翟弟子。）

亡。顾实云：《隋》、唐志《通志》咸一卷。洪迈曰“书今不存”，则亡于宋矣。其尚俭，明鬼，传墨子之术。马国翰有辑本。

《胡非子》三篇。（墨翟弟子。）

亡。顾实云：《隋》、唐志《通志》咸一卷。洪迈曰：“今不存。”叶德辉曰：其书大旨与《贵义》《尚同》相近。

马国翰有辑本。

《墨子》七十一篇。（名翟，为宋大夫，在孔子后。）

残。详后。

右共六家。

第二章 墨子

第一节 传略

司马迁《史记》以墨子附于《孟荀列传》之后，而其文有脱简。（见拙著《墨学十论·墨子之大略》）墨子之事迹遂不传。今据孙诒让《墨子间诂》《墨子后语上》《墨子略传》，略著其要如下：

墨子名翟，姓墨氏，鲁人，或曰宋人。盖生于周定王时。鲁惠公使宰让请郊庙之礼于天子，桓王使史角往，惠公止之，其后在于鲁，墨子学焉。其学务不侈于后世，不靡于万物，不晖于数度，以绳墨自矫，而备世之急，作为《非乐》，命之曰《节用》，生不歌，死无服，氾爱兼利而非斗，好学而博不异，又曰：兼爱尚贤，右鬼非命。以为儒者礼烦扰而不说，厚葬靡财而贫民，久服伤生而害事，故背周道而用夏政。亦道尧舜，又善守御，为世显学。徒属弟子充满天下。

其居鲁，劝鲁君尊天事鬼，爱利百姓，法尧、舜、禹、汤、文、武，以百里取天下，皙卑辞厚币以事齐。

楚人常与越人舟战于江。楚惠王时，公输般自鲁南游楚焉，始为舟战之器，作为钩拒之备。楚人以此亟败越人，公输般善其巧，以语墨子。墨子曰："我义之钩拒，贤于子舟战之钩拒。"因说以之交相爱之义。

公输般为楚造云梯之械成，将以攻宋。墨子闻之，起于鲁，行十日十夜而至于郢，见公输般，劝以不攻宋。公输般曰："不可。吾已言之王矣。"墨子见王。王曰："公输般为我为云梯，必取宋。"于是见公输般。墨子解带为城，以褋为械。公输般九设攻城之机变，墨子九距之。公输般之攻械尽，墨子之守圉有余。公输般诎，而曰："吾知所以距子矣。吾不言。"墨子亦曰："吾知子之所以距我，吾不言。"楚王问其故。墨子曰："公输子之意不过欲杀臣，杀臣，宋莫能守，乃可攻也。然臣之弟子，禽滑厘等三百人，已持臣守圉之器，在宋城上而待楚寇矣。虽杀臣不能绝也。"楚王曰："善哉！吾请无攻宋矣。"

楚惠王五十年，墨子至郢，献书惠王。惠王欲养之，墨子辞。鲁阳文君言于王，谓为北方圣贤人，王乃封墨子以书社五百里，不受而去。

宋昭公时，尝为大夫，又尝南游于卫。昭公末年，司城皇喜专政劫君，而囚墨子。

老而至齐，见大王田和，劝以非攻。齐将伐鲁，墨子复欲劝止之。卒盖在周安王末年，所著书，汉刘向校录之，为七十一篇。

以上据孙氏传略删改者也。墨子生卒之年，则以梁启超所考似为较确，梁氏云：

墨子生于周定王初年，（自注：元年至十年之间，西纪前四六八至四五九。）约当孔子卒后十余年。（自注：孔子卒于前四七九）

墨子卒于周安王中叶，（自注：十二年至二十年之间，西纪前三九〇至三八二。）约当孟子生前十余年。（自注：孟子生于前三七二）

第二节 书本

《汉书·艺文志》云：

《墨子》七十一篇。

毕沅《墨子注叙》云：

《墨子》七十一篇，见《汉书·艺文志》，隋以来为十五卷，目一卷，见《隋·经籍志》。宋亡九篇，为六十一篇，见《中兴馆阁书目》。实六十三篇。后又亡十篇，为五十三篇，即今本也。书存道藏中，缺宋讳字，知即宋本。

今将十五卷之目列后：

（一）《亲士》《修身》《所染》《法仪》《七患》《辞过》《三辩》

（二）《尚贤上》《尚贤中》《尚贤下》

（三）《尚同上》《尚同中》《尚同下》

（四）《兼爱上》《兼爱中》《兼爱下》

（五）《非攻上》《非攻中》《非攻下》

（六）《节用上》《节用中》《节葬下》

（七）《天志上》《天志中》《天志下》

（八）《明鬼下》《非乐上》

（九）《非命上》《非命中》《非命下》《非儒下》

（十）《经上》《经下》《经说上》《经说下》

（十一）《大取》《小取》《耕柱》

（十二）《贵义》《公孟》

（十三）《鲁问》《公输》

（十四）《备城门》《备高临》《备梯》《备水》《备突》《备穴》《备蛾傅》

（十五）《迎敌祠》《旗帜》《号令》《杂守》

今欲研究《墨子》，下列各本，可供参考：

毕沅《墨子注》

苏时学《墨子刊误》

张皋文《墨子经说解》

孙诒让《墨子间诂》

陶鸿庆《读墨子札记》

刘师培《墨子斠补》

王闿运《墨子注》

张纯一《墨子间诂笺并补校》

梁启超《墨子学案》

梁启超《墨子经校释》

胡适《小取篇新诂》

尹桐阳《墨子新释》

李笠《墨子间诂校补》

陈柱《定本墨子间诂补正》

陈柱《墨学十论》

第三节 学说

天志说 墨子与儒道各家所最显著最特异者，莫如以天为有人格，有意志。儒家虽亦言天意，然不如墨家之俨然如有人格者之在上，君临于人，而一一司其赏罚也。道家如老子则以天为自然，为无意志，与墨子益异矣。《墨子·天志上篇》云：

> 顺天意者，兼相爱，交相利，必得赏；反天意者，别相恶，交相贼，必得罚。然则谁顺天意而得赏者？谁反天意而得罚者？子墨子言曰：昔三代圣王禹、汤、文、武，此顺天意而得赏者也。昔三代之暴王桀、纣、幽、厉，此反天意而得罚者也。然则禹、汤、文、武，其得赏何以也？子墨子言曰：其事上尊天，中事鬼神，下爱人，故天意曰：此之（之，同知）我之所爱，兼而爱之；我所利，兼而利之。爱人者，此为博焉；利人者，此为厚焉。故使贵为天子，当有天下，业万世子孙，传称其善，方施天下，至今称之，谓之圣王。

> 然而桀、纣、幽、厉得其罚何以也？子墨子言曰：其事上诟天，中诟鬼，下贼人，故天意曰：此之（之，同知）我所爱别而恶之；我所利交而贼之。恶人者，此为之博也；贼人者，此为之厚焉。故使不得终其寿，不殁其世，至今毁之，谓之暴王。然则何以知天之爱天下之百姓？以其兼而明之。何以知其兼而明之？以其兼而有之。何以知其兼而有之？以其兼而食焉。何以知其兼而食焉？四海之内，粒食之民，莫不犓牛羊，豢犬彘，洁为粢盛酒醴，以祭祀于上帝鬼神。

观此，则墨子盖以天为天子之上司，能施赏罚于天子，而不差爽，且天亦如人然，能饮食者也。

且墨子既以天为有人格，有意志，而天之于物，又特偏爱于人者。何以言之？盖墨子对人则主兼爱，而于物则否，何也？其言曰：

> 四海之内，粒食之民，莫不犓牛羊，豢犬彘，洁为粢盛酒醴，以祭祀于上帝鬼神。

于此可见墨子之意，盖以为天生万物，乃专所以养人，与祀上帝鬼神者也。故不妨杀牛羊犬彘以养人，祀上帝鬼神。

若一视同仁，则牛羊犬彘，亦当兼相爱，交相利矣。

政治说 墨子既以天为有意志，而兼爱天下之人，故本天志而提倡兼爱。兼爱者，兼相爱、交相利之谓。《兼爱上篇》云：

> 使天下兼相爱，爱人若爱其身。犹有不孝者乎？视父兄与君若其身，恶施不孝？犹有不慈者乎？视弟子与臣若其身，恶施不慈？故不孝不慈亡有。犹有盗贼乎？故视人之室若其室，谁窃？视人身若其身，谁贼？故盗贼亡有。犹有大夫之相乱家，诸侯之相攻国者乎？视人家若其家，谁乱？视人国若其国，谁攻？故大夫之相乱家，诸侯之相攻国者，亡有。……若此，则天下治，故圣人以治天下为事者，恶得不禁恶而劝爱！

然则墨子之兼爱，乃爱其身如人身，爱人室如己室，爱人家如己家，爱人国如己国者也。其欲达此兼爱之目的，则有其方法焉。

其于政治上之组织，则为尚同。尚同者谓下皆同于上也。其上同之方法，则以先以：

> 天子发政于天下之百姓，言曰：……上之所是，

必皆是之；上之所非，必皆非之。……上同而不下比者，此上之所赏，而下之所誉也。……上之所是，弗能是；上之所非，弗能非。……下比而不能上同者，此上之所罚，而百姓之所毁也。

既发此令，则由下层次而上，故第一步以：

里长发政里之百姓，言曰：……乡长之所是，必皆是之；乡长之所非，必皆非之。……乡长唯能一同乡之义，是以乡治也。

第二步以：

乡长发政乡之百姓，言曰：……国君之所是，必皆是之；国君之所非，必皆非之。……国君唯能一同国之义，是以国治也。

第三步以：

国君发政国之百姓，言曰：……天子之所是，必皆是之；天子之所非，必皆非之。……天子唯能一同天下之义，是以天下治也。

第四步则天子亦当上同于天，故曰：

天下之百姓，皆上同于天子，而不上同于天，则菑犹未去也。

其组织先由天子发令以为标准，于是由下而上，以至于天子，其组织方法，诚甚为严密矣。《尚同下篇》所言，虽大同小异，而足以益见同之之法，兹更节录如下：

……使家君发宪布令其家，曰：……则家必治矣。……国之为家数也甚多。……故又使家君总其家之义，以尚同于国君。

国君亦为发宪布令于国之众，曰：……则国必治矣。……天下之为国数也甚多。……故又使国君选（选与总义同）其国之义，以尚同于天子。

天子亦为发宪布令于天下之众，曰：……天下必治矣。天下既已治，天子又总天下之义以尚同于天。

此墨子尚同之法也。周、秦诸子言政治之组织，殆无如此之备者也。然此组织之法而已，从法不能以为政，故又当尚贤。《尚贤上篇》云：

> 古者圣王之为政也，言曰：不义不富，不义不贵，不义不亲，不义不近。是以国之富贵人闻之，皆退而谋曰：始我所恃者，富贵也。今上举义不辟贫贱，然则我不可不为义。亲者闻之，亦退而谋曰：始我所恃者，亲也。今上举义不避疏，然则我不可不为义。近者闻之，亦退而谋曰：始我所恃者，近也。今上举义不避远，然则我不可不为义。远者闻之，亦退而谋曰：始我以为远无恃，今上举义不避远，然则我不可不为义。

此墨子尚贤之道也。盖不尚贤则不能上同也。然天下之人固不能尽贤，不可尽使之同然也。故明天志，明鬼神以戒惧之，《天志》《明鬼》诸篇所言是也。劝教育以开导之，《贵义》《公孟》各篇所记是也。

既主兼爱，爱人者首在能分人以财。故消极方面，则提倡节用，节葬，非乐，以省消耗之费。积极方面，则以形劳天下，日夜不休，以自苦为极，以从事工作。亦《贵义》《公孟》诸篇所记者是也。

且攻战者，兼爱之敌也。既主兼爱，则不能不非攻。此《非攻》篇所由作也。然我非之而人犹攻之，则如何？则结徒众，精器械，工守圉，以距之。此《贵义》以下至《杂守》诸篇所记是也。

教育说　墨子既以天为有意志，而主兼爱，故其教育亦以法天为标准。《法仪篇》云：

然而奚以为治法而可？当皆法其父母奚若？天下之为父母者众，而仁者寡。若皆法其父母，此法不仁也。法不仁，不可以为法。

当皆法其学奚若？天下之为学者众，而仁者寡。若皆法其学，此法不仁也。法不仁，不可以为法。

当皆法其君奚若？天下之为君者众，而仁者寡。若皆法其君，此法不仁也。法不仁，不可以为法。

故父母学君三者，莫足以为治法。然则奚以为治法而可？故曰：莫若法天。

此虽非专言教育，而其教育之宗旨，则以法天为标准，盖明甚。然何为以法天为标准？则亦兼爱而已。故《法仪篇》云：

天之行广而无私，其施厚而不德，其明久而不衰。

故圣王法之。既以天为法，动作有为，必度于天。天之所欲则为之，天之所不欲则止。然而天何欲何恶者也？天必欲人之相爱相利，而不欲人之相恶相贼也。奚以知天之欲人相爱相利，而不欲人之相恶相贼也？以其兼而爱之，兼而利之也。

然则墨子之教育以兼爱为主旨可知。既以兼爱为主，则积极方面，欲以己说胜人，故重论辩之学，此《经上下》及《大小取》等篇所记是也。消极方面，恐己说之不足以服人，而人来攻我，故不能不精器械，讲守圉，故其教育又尚创作，故《非儒篇》载有反对儒者“君子循而不作”之语。此皆墨子教育学说之荦荦大者也。其余详拙著《墨学十论·墨子之教育主旨中》，兹不详焉。

玄衮赤雕戈勒，佩出，皇祖假大寇唯荆之率，皇妣其贞淑，聿从圣齐，呼师民，用保卫邦之宴。乃禾酬攻毖，获从公禁，恢祭广享，人襄执豆，宗姬奠，旅人宾醴，祝酒内，史作册，即事用章。猃狁羌濮，抚乡善，吉蠲明，乃及君无咎毋，脂载道东，奉胤广，考公般格，厥夜显庆命，用蕲侯氏永享，作其和钟庶休扬丕显，绥福我后眉寿，世世子孙永以为宝。

黄公渚云："此孙为祖作器，中述天子册命，用以彰录公武烈之美。然亦不尽是册命原文。大抵自诸牧以下，已将册命化作论撰。皇妣以下，美录姒从公助祭岐周之事。文如雅颂，竟可作雅颂读也。此篇骈散皆具，文势起伏，如龙蟠虎跃，不可捉摸；细案之则叙次不紊，章法井然，金文中之杰作也。鬯言锡，衮言受，首尾自相衔接，呼应一气。叙锡鬯，带出诸牧会师克龚一事；叙受衮，带出公平匡寇一事。史传非数百字不了者，金文以十数字了之。此其所以超绝也。通篇简练矜核，无一泛语。后半清辞丽句，络绎而来，隽采殊尤。此楚器南派文字，别具一种丰韵，不与其他诸作同，读者当自辨之。"

此等文或有韵或无韵，然其体仍当属散文，不能以其有用韵之语句遂谓其非散文也。犹周秦诸子之文，亦时有韵语，而不得以其为韵文也。